Dr. phil. James C. Dobson

Dobsons Schatztruhe

Weisheiten, Ermutigungen und andere Kostbarkeiten

LEUCHTER

Leuchter-Verlag eG · Erzhausen

Titel der Originalausgabe: COMING HOME
Übersetzung: Franziska Dallmann
Umschlaggestaltung: Peter Karliczek, Schorndorf

1. Auflage: September 1999

ISBN 3-87482-218-4

Gesamtherstellung: Schönbach-Druck GmbH, 64390 Erzhausen

Inhaltsverzeichnis

Einführung

Für Ihr Interesse an diesem Buch danke ich Ihnen. Es handelt sich hier um eine Sammlung von besonders geschätzten Aussagen zu Themen wie Kinder, Ehe, Teenager, Großeltern, Patchworkeltern, Alleinerziehende, Öffentliche Schulen, Privatschulen, Hausschulen, Patchworkfamilien, medizinische Erkenntnisse sowie viele angrenzende Themen. Ich würde mich freuen, wenn sich diese Beiträge in Ihrem Alltag in die Praxis umsetzen lassen.

Die in diesem Buch enthaltenen Themen und Konzepte stammen aus einer Sendung mit dem Titel *Focus on the Family Commentary*. Diese Sendung wird in den Vereinigten Staaten und in über siebzig weiteren Ländern auf sechs Kontinenten täglich von Hunderten von Radio- und Fernsehstationen ausgestrahlt. Mehr als 600 Millionen Menschen schalten sich täglich zu.

Wie läßt sich solch ein breites Publikumsinteresse für derartige familienbezogene Themen in der ganzen Welt erklären? Der Hunger nach Information hat sich erst in den letzten Jahren entwickelt. Wir müssen feststellen, daß die enormen Herausforderungen an die Institution der Ehe und Familie für Millionen Ehemänner und -frauen zu einem ernsthaften Anliegen geworden sind. Denn die Familie ist eine kleine Gemeinschaft, die sich mit weltweit verbreiteten Problemen wie Scheidung, Drogen, Untreue in der Ehe, Jugendkriminalität, Gewalt und manchen anderen Schwierigkeiten konfrontiert sieht. Das erklärt wohl, weshalb Familien aus den verschiedensten kulturellen Umfeldern sich zeitlosen Ratschlägen öffnen, die auf den Weisheiten des jüdisch-christlichen Wertesystems basieren.

Den nun folgenden Kommentaren liegt ein zeitlicher Umriß von jeweils neunzig Sekunden zugrunde, wodurch sie präzise und auf den Punkt gebracht erscheinen. Ich glaube, meine Ausführungen werden Ihnen gefallen. Der in einem meiner früheren Bücher angeführte Hinweis auf die Kommentare gilt auch für dieses Buch. Da heißt es:

„Einige meiner Kommentare sind praktische Ratschläge,

andere geistliche. Einige sind mit Ernst gewürzt, andere mit Humor. Einige von ihnen sollen das „bessere Ich“ in uns wecken. Im Endeffekt soll jeder Kommentar ein kleiner Beitrag sein, um dort, wo es am wichtigsten ist, zur Besserung von Beziehungen beizutragen, nämlich innerhalb der Familie, also an jener Stelle, an der das Herz sitzt.“

Ich glaube, daß die nun folgenden Kapitel ins Schwarze treffen. Zu gern würde ich persönlich von Ihnen hören, wenn Sie dieses Buch durchgelesen haben.

Es grüßt Sie und Ihre Familie
Dr. phil. James C. Dobson

Zu Ehren aller Mütter

Was ich jetzt zu sagen habe, geschieht zu Ehren aller Mütter auf der ganzen Welt. Keine andere Aufgabe erfordert so viele Fähigkeiten und Fertigkeiten, wie sie eine Mutter zur Bewältigung ihrer alltäglichen Pflichten benötigt. Sie muß zugleich akkreditierte Psychologin sein, Hausärztin, Theologin, Erzieherin, Krankenschwester, gelernte Köchin, Taxifahrerin, Feuerwehrhauptmann und gelegentlich auch Polizistin.

Wir wollen sie begleiten, wenn sie mitten am Vormittag zum Kinderarzt muß. Nachdem sie sich fast eine Stunde lang mit einem quängelnden, fiebrigen Kleinkind im Wartezimmer aufgehalten hat, werden sie und das Kind ins Sprechzimmer hineingebeten. Der Arzt untersucht das kranke Kind und gibt der Frau ohne mit der Wimper zu zucken gute Ratschläge. „Halten Sie das Kind ca. vier bis fünf Tage lang ruhig. Verhindern Sie, daß es den Ausschlag durch Kratzen verschlimmert. Achten Sie darauf, daß es die Medizin nicht wieder erbricht. Außerdem sollten Sie seinen Stuhl genauer unter die Lupe nehmen."

„Klar, Herr Doktor. Wissen Sie mir sonst noch etwas Wichtiges?"

„Ach ja, da wäre noch ... diese Krankheit ist ansteckend. Halten Sie Ihre anderen vier Kinder von ihm fern. In einer Woche sehe ich Sie wieder."

Erstaunlich ist nur, daß die meisten Mütter die Sache in den Griff bekommen – und an Liebe und Weisheit mangelt es dabei auch nicht. Gott hat diese Mütter wirklich gut hingekriegt. Auch hat er sie mit einer Leidenschaft für ihre Kinder ausgerüstet. Sie würden buchstäblich ihr Leben für den Schutz der ihnen anvertrauten Kinder lassen. Und genau deshalb verdienen sie unsere Bewunderung am Muttertag – und nicht nur dann.

Damit die Boote nicht auseinanderdriften

Stellen Sie sich doch einmal zwei Ruderboote beim Überqueren eines Sees vor. In dem einen Boot sitzt ein Mann, in dem anderen, voller Zuversicht, seine Frau. Sie sind mit der guten Absicht losgerudert, Seite an Seite voranzukommen, doch dann driften die Boote in entgegengesetzte Richtungen. Bald befindet sich der Mann am nördlichen Ufer, die Frau bewegt sich auf den Wellenkämmen des südlichen Ufers. Keiner von beiden kann sich entsinnen, wie es kam, daß sie so weit voneinander fort drifteten, und keiner von beiden weiß, wie sie wieder zusammenfinden können.

Dieses einfache Bild hat seine Bedeutung für Frischverheiratete, die sich am Anfang ihres gemeinsamen Lebensweges befinden. Am Altar geloben sie, ihr gemeinsames Leben in Liebe und Harmonie zu gestalten. Bedauerlicherweise klappt das nicht immer. Eine Beziehung muß aufrechterhalten und gepflegt werden, damit sie nicht abflaut und das Paar sich fremd wird. So etwa geschieht es mit romantischen kleinen Ruderbooten, die oft bis an die gegenüberliegenden Ufer des Sees auseinanderdriften.

Die Frage stellt sich: Wie können wir als Ehepartner unsere anfängliche Nähe zueinander ein Leben lang aufrechterhalten? Die Antwort lautet: Sie müssen wie verrückt rudern. Nehmen Sie sich Zeit für romantische Ausflüge. Vergessen Sie nicht den Partner bzw. die Partnerin, sondern sich selber. Vermeiden Sie es, Konflikte und Ärger zu schüren. Achten Sie sorgfältig auf die Bedürfnisse des Partners bzw. der Partnerin. Darin liegen die Schlüssel zu Harmonie und Freundschaft.

Zwei Ruderboote nebeneinander zu halten ist schwierig genug, es kann jedoch gelingen, wenn beide Partner fest entschlossen sind zu rudern. Fehlt diese Bereitschaft, werden die Strömungen ihrer Umwelt sie für immer auseinanderbringen.

Die ersten fünf Minuten

Vor Jahren hörte ich von einem schlichtweg genialen und doch einfachen Prinzip, das mir unvergeßlich in Erinnerung geblieben ist. Diese These baut auf dem Konzept „der ersten fünf Minuten“ auf und geht darauf ein, wie Menschen aufeinander reagieren.

Ein Beispiel: Einem Redner stehen sehr wenige Augenblicke zur Verfügung, um seine Zuhörer davon zu überzeugen, daß er tatsächlich etwas Bedeutendes zu sagen hat. Wenn er gleich zu Beginn langweilig oder eintönig klingt, werden die Gedanken seiner Zuhörer sofort abschweifen und der Redner selbst wird nicht verstehen weshalb. Will er im Laufe seines Vortrags humorvolle Bemerkungen machen, sollte er gleich damit beginnen, sonst nehmen ihm die Zuhörer nicht ab, daß er sie zum Lachen bringen könne. Die Gelegenheit dazu kommt nicht wieder.

Die ersten fünf Minuten des Tages sind entscheidend dafür, wie das Mutter-Kind-Verhältnis an jenem Tag aussieht. Knurren und Nörgeln, bevor die Kinder an den Frühstückstisch kommen, trübt das Verhältnis auf Stunden hinaus.

Die Art und Weise, wie ein Mann nach Geschäftsschluß seine Frau zu Hause begrüßt, wird ihren gemeinsamen Abend beeinflussen. Wenn er beim Abendessen vor sich murmelt: „Nicht schon wieder Leberwurstbrote!“, wird sich seine Stimmung nachteilig auf den ganzen Abend auswirken.

Glücklicherweise haben wir nach unserer Rückkehr zu denen, die uns lieb und teuer sind, Gelegenheit, die Stimmung herumzureißen. Ein klein wenig Feinfühligkeit beim wieder Aufeinanderzugehen kann Wunder wirken. Es hängt alles von den ersten fünf Minuten ab.

Chippie, der Sittich

Der Schriftsteller Max Lucado erzählte einmal die nette Geschichte von einem Sittich namens Chippie, der einen schlechten Tag hatte. Es begann alles damit, daß seine Besitzerin seinen Käfig mit einem Staubsauger zu reinigen begann. Sie war fast fertig mit dem Aussaugen, als das Telefon läutete. Sie wollte den Hörer abnehmen, wandte sich um, und da war es auch schon geschehen. Chippie war verschwunden. Voller Panik öffnete sie den Staubsauger und riß in Windeseile die Papiertüte auf. Da lag Chippie schmutzbedeckt, nach Luft ringend. Sie trug ihn ins Badezimmer und reinigte sein Gefieder unter dem Wasserhahn. Weil Chippie naß war und fror, holte sie den Haarföhn. Chippie hat nie erfahren, was ihn umhaute.

Einige Tage später wurde die Besitzerin gefragt, wie es Chippie ginge.

„Ach", antwortete sie, „Chippie singt nicht mehr. Er sitzt nur da und starrt ins Leere." [1]

Haben Sie sich schon einmal so gefühlt? Sie gehen fröhlich trällernd Ihren Weg und plötzlich, ehe man es sich versieht, befinden Sie sich mitten in einem Wirbelwind von Streß. Sie laufen wie von wilden Hunden gejagt durch den Flughafen und kommen schließlich gerade dann am Flugsteig an, als Ihr Flugzeug gestartet ist. Der Tisch ist gedeckt, die Gäste werden gleich ankommen, und da dringen Rauchschwaden durch die Küchentür. Diese Pleiten, Pech und Pannen treten immer dann auf, wenn wir sie am wenigsten erwarten. Da bleibt einem nur noch, tief Luft zu holen und bis zehn zu zählen.

Wenn Sie das nächste Mal in solch einen Sog hineingeraten, halten Sie sich fest und machen Sie das Beste daraus. Lassen Sie sich ja nicht die gute Laune verderben – wie es Chippie leider tat.

Kindheit im Eilverfahren

In der westlichen Welt besteht bei manchen Eltern die Tendenz, ihre Kinder zu schnell erwachsen werden zu lassen. Sie werden im Eilverfahren durch die Meilensteine der Kindheit getrieben und vorzeitig dem Druck der Pubertät ausgesetzt. Zu diesem Schluß ist der Entwicklungspsychologe Dr. David Elkind gelangt, der dieses kulturell bedingte Phänomen das „Syndrom der Kindheit im Eilverfahren" nennt. Dieses Phänomen tritt dann auf, wenn Eltern ihre Kinder dazu anhalten, sich wie Teenager zu verhalten, wenn sie ihnen z. B. bereits im Vorschulalter Make-up kaufen, wenn sie ihren Töchtern und Söhnen im Teenageralter erlauben, mit einem Freund bzw. einer Freundin auszugehen, wenn sie ihre Kinder mehr wie Erwachsene behandeln und von ihnen erwarten, Entscheidungen von Erwachsenen zu treffen, wenn sie ihnen Designerkleidung kaufen und vor allem dann, indem sie ihre Kinder Filme, Fernsehsendungen und Musikvideos mit eindeutig sexuellen Bezügen sehen lassen.[2]

Früher wußten Eltern, wie wichtig eine geregelte zeitliche Abfolge der kindlichen Entwicklung ist. Es gab zivilisationsbedingte Abschnitte im Leben, die durch entsprechende Maßnahmen gekennzeichnet waren. Jungen z. B. trugen bis zu etwa zwölf oder dreizehn Jahren kurze Hosen. Solche Kennzeichen sind heute verschwunden bzw. die Altersgrenze dafür wurde nach unten verschoben. Das hat sich als großer Fehler erwiesen.

Wenn man seine Kinder so behandelt, als seien sie bereits erwachsen, dann fällt es im heranwachsenden Teenagealter schwer, ihnen Grenzen zu setzen. Wie soll man denn auch einem Dreizehnjährigen abends eine Uhrzeit mitgeben, wenn man ihm beigebracht hat, sich für einen Erwachsenen zu halten?

Auf den Punkt gebracht heißt das: Das „Kindheit-im-Eilverfahren-Syndrom" beraubt unsere Kinder ihrer Kindheit und verpaßt ihnen einen unnatürlichen Zeitplan, der ihrer geistigen und körperlichen Gesundheit abträglich ist. Unsere Kinder sollen lieber Kinder sein dürfen.

Zurück in die Vergangenheit

Bei familienbezogenen Probleme bin ich schlichtweg konservativ. Einige behaupten sogar, ich würde das Rad der Geschichte am liebsten bis zu den Gründervätern der Nation zurückdrehen.

Das stimmt aber nicht. Die guten alten Zeiten würden mir reichen, als bestimmte allgemeingültige Werte noch akzeptiert waren und wo zu meiner Begeisterung ein richtiger Westernheld in einem Film noch sagen konnte: „Mein Leib ist meine Waffe!"

Ich weiß, daß diese Filme Illusionen sind und der Phantasie eines Schriftstellers entstammen. Und dennoch erkenne ich darin Gültiges. In der „guten alten Zeit" der fünfziger Jahre war ich auf der High School, und ich sage Ihnen, damals war es einfacher, erwachsen zu werden. Ich besuchte eine gemischte High School. Dort gab es weder Schülerbanden noch Alkoholprobleme und absolut *keine* Drogen. Keine! Mit unseren Eltern kamen wir eigentlich gut aus. Was Sex betraf, so wurde mehr darüber geredet als in die Tat umgesetzt. Ungefähr einmal im Jahr wurde ein Mädchen schwanger, und man brachte sie an irgendeinen Ort, den niemand kannte. Ganz gleich, wie man es betrachtet, aber es ging Kindern und Jugendlichen damals einfach besser.

Diese Zeit ist ein für allemal vorbei. Man kann auf einer Autobahn nicht rückwärts fahren. Bedenkt man den Druck, dem die junge Generation von heute ausgesetzt ist, so täten wir gut daran, ihr mehr Sicherheit und Geborgenheit zu vermitteln. Wir sollten uns bemühen, sie in starken und harmonischen Familien aufwachsen zu lassen.

Und wenn sie nicht gestorben sind ...

Haben Sie jemals darüber nachgedacht, wie sehr herkömmliche Märchen Kindern, und insbesondere kleinen Mädchen vorgaukeln, daß sie schön sein müssen, sonst ...? Bei vielen alten Märchen geht es in irgendeiner Weise um körperliche Schönheit.

Nehmen wir einmal das Märchen „Das häßliche Entlein". Diese Geschichte handelt von einem unglücklichen kleinen Vogel, den die besser aussehenden Enten verschmähten. Glücklicherweise verbarg sich in seinem Innern ein wunderschöner Schwan, zu dem er sich dann später entwickelte. Von einem häßlichen Entlein, das zu einer häßlichen Ente heranwuchs wird nichts berichtet!

Dann ist da noch Dornröschen, die als schlafende Schönheit beschrieben wird.

Wenn sie häßlich gewesen wäre, hätte der Prinz sie dann mit einem Kuß geweckt? Er hätte sie bestimmt lieber weiterschlafen lassen!

Ich denke an Rudolf, das Rentier mit der dicken roten Nase. Weil er eine so merkwürdige Nase hatte, wurde er von seinen kleinen Rentierfreunden ausgelacht und gehänselt. Bei ihren Rentierspielen wurde er nicht geduldet. Hier geht es gar nicht um Rentiere, sondern um Kinder. So gehen sie nämlich mit anderen Kindern um, die sich äußerlich von ihnen unterscheiden.

Erinnern Sie sich an Schneewittchen, die von der bösen Königin gehaßt wurde? Die Königin stellte ihrem Spiegel die Frage: „Spieglein, Spieglein an der Wand, wer ist die Schönste im ganzen Land?" Sie wurde gelb und grün vor Neid, als Schneewittchens überragende Schönheit genannt wurde.

Ihnen ist vielleicht auch Dumbo, der fliegende Elefant, bekannt, der wegen seiner übergroßen, flapsigen Ohren so lange ausgelacht wurde, bis er allen zeigte, daß er damit fliegen konnte.

Dann gibt es noch das von allen geliebte Märchen vom

Aschenputtel. Weder die Kutsche noch die Pferde waren es, die den Prinzen begeisterten, als sie auf den Ball kam. Wetten, daß Aschenputtel ein wunderschönes zartes Mädchen war?

Diese alten Märchen lassen sich gut lesen und sind bei alt und jung beliebt. Wir sollten jedoch die verborgene Botschaft erkennen, selbst wenn wir die Märchen auch weiterhin vorlesen. Die Betonung auf Schönheit in der Kinderliteratur hat eine sehr ernste Seite. Insbesondere kleine Mädchen könnten allmählich meinen, daß weniger anziehend aussehende Mädchen als Menschen nichts wert sind. Dieser Gedanke ist geradezu destruktiv.

Tim und Christine Burke

Wären Sie bereit, Ihre Karriere, Ihre beruflichen Ziele und ein Jahreseinkommen von mehr als 900 000,– DM zu opfern, wenn es für Ihre Familie von entscheidender Bedeutung wäre? Ich kenne einen Mann, der genau das tat.

Für Tim Burke wurde 1985 sein Kindheitstraum Wirklichkeit, als er von den Montreal Expos unter Vertrag genommen wurde. Nach vier Jahren in der zweiten Liga erhielt er schließlich eine Chance, bei den Großen zu spielen. Es dauerte nicht lange, da zeigte es sich, daß er sein Geld wert war: Seine Einsätze als Neuling waren von Erfolg gekrönt.

Tim und seine Frau Christine hatten jedoch im Laufe der Jahre vier Kinder mit ganz besonderen Problemen adoptiert – zwei Töchter aus Südkorea, einen behinderten Sohn aus Guatemala und einen weiteren Sohn aus Vietnam. Alle vier Kinder waren mit schwersten Krankheiten oder Störungen auf die Welt gekommen. Weder Tim noch Christine waren auf die enormen Kraftanstrengungen vorbereitet, die ihnen eine solche Familie abverlangen würde. Tim war als Baseball-Spieler in der obersten Liga so eingespannt, daß er wenig Zeit zu Hause verbringen konnte. Drei Monate nachdem er seinen Jahresvertrag in Höhe von 900 000,– DM bei den Cincinnati Reds unterschrieben hatte, entschloß er sich zurückzutreten.

Von Reportern gebeten, diesen unglaublichen Schritt zu erläutern, sagte er ganz schlicht: „Baseball kann sehr wohl ohne mich auskommen. Aber für meine Kinder bin ich der einzige Vater."

Helden sind heutzutage Mangelware. Tim und Christine Burke sind zwei davon.

Ein vergessenes Mahnmal

Im vergangenen Sommer hielt ich mich im Süden Deutschlands in einer kleinen Stadt namens Garmisch auf, als ich zufällig ein kleines Mahnmal zu Ehren der gefallenen Soldaten des Ersten Weltkriegs entdeckte.

Es erregte meine Aufmerksamkeit, da ich als Amerikaner immer unsere eigenen Toten als Helden und die feindlichen Verluste eben als Feinde betrachtet hatte. Dort auf einer Messingtafel befanden sich die Namen von jungen Männern aus diesem idyllischen Städtchen, die für ihr Vaterland gelitten, geblutet und ihr Leben gelassen hatten. Neben den aufgeführten Namen standen ihre Dienstbezeichnungen und das genaue Todesdatum in der Zeit zwischen 1914 und 1918. Während ich so dastand und die Namen betrachtete, fragte ich mich, welche Geschichten wohl dahinterstanden und was der Verlust dieser Menschen für die Familien jener Kleinstadt mit sich gebracht hatte.

Dann sah ich mir die Rückseite des Mahnmals an und las auf einer weiteren Messingtafel die Namen der Toten aus dem Zweiten Weltkrieg in den Jahren 1939 bis 1945. Etwas fiel mir sofort auf: Viele der aufgeführten Familiennamen waren gleichlautend mit denen auf der anderen Tafel. Offensichtlich hatten die jungen Männer, die im ersten großen Krieg ihr Leben gelassen hatten, kleine Jungen zurückgelassen, die rechtzeitig aufwuchsen, um im nächsten Krieg ihr Leben zu lassen. Mir wurde auch klar, daß in Garmisch Frauen gelebt hatten, die ihre Ehemänner im Ersten Weltkrieg verloren hatten und zwei Jahrzehnte später den Tod ihrer Söhne auf anderen Kriegsschauplätzen beweinen mußten.

Diese kleine Reise in die Geschichte zeigte mir wieder einmal ganz deutlich, daß es immer die Familien sind, die unter den Kriegshandlungen am meisten zu leiden haben.

Es ist nie zu spät

Die Welt vergöttert die Jugend und hat panische Angst vor dem Altern. Es gab jedoch eine Zeit, in der Älterwerden gleichbedeutend war mit Weisheit und Erfahrung. Einige der größten Errungenschaften in der Geschichte wurden sehr spät im Leben eines Menschen erzielt.

Immanuel Kant schrieb eines seiner bedeutendsten philosophischen Werke im Alter von vierundsiebzig Jahren. Verdi komponierte seinen Klassiker „Ave Maria" im Alter von fünfundachtzig. Lord Tennyson schrieb „Crossing the Bar" mit achtzig Jahren. Michelangelo war siebenundachtzig, als er die Pietà, sein größtes Kunstwerk, vollendete. Richter Oliver Wendell Holmes brachte einige seiner brillantesten Gedanken im Alter von neunzig zu Papier. Titian malte seinen Kampf um Lepanto im Alter von achtundneunzig Jahren. Und im Alter von fünfundsiebzig Jahren war Ronald Reagan der mächtigste Mann der Welt.[3]

Im allgemeinen sind ältere Menschen heute gesünder als je zuvor, und ihre Talente zu vergeuden wäre reine Torheit. Wenn wir nun schon darauf zu sprechen kommen, möchte ich erwähnen, wie sehr es mich ärgert, daß die Fernsehwerbung nur an der jüngeren Generation interessiert ist. Wirft eine Tube Zahnpasta nicht genausoviel Profit ab, wenn ein Achtzigjähriger sie kauft, als wenn ein Kind sie kauft?

Die Vorstellung, daß das Leben mit fünfzig oder sechzig Jahren dem Ende entgegengeht, ist verrückt. Darin werden die Schreihälse von einst mir zustimmen; denn als sie klein waren, mußte ihre Umwelt auf sie horchen. Und nun werden sie keineswegs von der Bühne abtreten, bevor es unbedingt sein muß. Sie und ich doch auch nicht, oder?

Ballspiel mit Schrecken

Heute möchte ich all jenen edlen Menschen einige Worte widmen, die heute an unseren öffentlichen und privaten Schulen unterrichten. Vor vielen Jahren war auch ich Lehrer, und meine Tätigkeit war für mich eine der lohnendsten Aufgaben überhaupt – und eine mit den größten Herausforderungen.

Ich kann mich an Norbert erinnern, dem eines Morgens plötzlich übel wurde. Ohne Vorwarnung an seine Mitschüler oder mich erbrach er sein Frühstück. Noch heute sehe ich vor mir, wie sechsunddreißig ca. 11jährige Kinder in alle Himmelsrichtungen auseinanderstoben und voller Ekel ausriefen:

„Igittigittigitt ...!" Einer von ihnen sagte: „Halt den Mund, Greg! Letztes Jahr warst du es!"

Dann war da noch der Nachmittag, an dem eine Zwölfjährige namens Donna mich fragte, ob ich nicht mit ihr ein bestimmtes Ballspiel spielen wolle. „Klar", sagte ich und beging damit einen großen Fehler, denn Donna war ein As bei diesem Spiel. Unmittelbar vor den Augen aller auf dem Schulhof schoß sie den aus einer Kette zusammengedrehten Ball mit voller Wucht direkt auf meine Nase. Den Ball habe ich nicht einmal gesehen, aber meine Nase zitterte wie eine Stimmgabel.

Das war für einen vierundzwanzigjährigen Möchtegernkumpel schwer zu verkraften, das sage ich Ihnen. Doch das waren nicht die härtesten Dinge am Lehrersein. Ich habe gelernt, daß dazu Geduld, Liebe, Geschick, Hingabe, und zwar tonnenweise, nötig sind, um den Job richtig zu machen.

Ich zieh deshalb meinen Hut vor den Frauen und Männern, die sich jeden Morgen auf den Weg in die Klassenzimmer machen. Die Zukunft liegt in ihrer Hand.

Wen-auch-immer

Meine Familie und ich machten einmal vor Jahren, als unsere Kinder noch klein waren, einen Skiurlaub in Kalifornien. Es war eine unvergeßliche Zeit, sie hatte jedoch auch ihre frustrierenden Augenblicke. Der Umgang mit zwei Kindern, die sich über die Kälte beschweren und dauernd Handschuhe und Schals verlieren, gehen einem Vater ganz schön auf die Nerven.

Nachdem ich sie in der Ferienanlage untergebracht hatte, stellte ich mein Auto unten auf dem Parkplatz ab und wartete auf den Kleinlaster mit offener Ladefläche, der mich wieder auf den Berg hochfahren sollte. Ungefähr fünfzehn junge Leute mit ihren Skiern warteten auch. Da bemerkte ich unter ihnen eine junge Frau Anfang Zwanzig. Als sie sich nach mir umwandte, erkannte ich in ihren Augen die untrüglichen Zeichen einer geistigen Behinderung. Ihr Benehmen war befremdend, und sie wiederholte ständig ohne erkennbaren Sinn die Worte *wen-auch-immer*. Die anderen jungen Leute grinsten und verdrehten die Augen.

Dann bemerkte ich neben dem Mädchen einen großen Mann, der augenscheinlich ihr Vater war. Er hatte die Reaktionen der anderen jungen Leute gesehen und tat dann etwas, das mich sehr bewegte. Er legte seine Arme um das Mädchen, blickte liebevoll auf sie hinunter und sagte: „Stimmt, Kleines. Wen-auch-immer."

Dieser Vater hatte ganz offensichtlich die Verachtung in den Gesichtern der anderen gesehen. Das Mitgefühl in seiner Stimme und sein Gebaren schienen sagen zu wollen: „Ja, es stimmt. Sie ist geistig zurückgeblieben. Das können wir nicht leugnen. Sie hat nur sehr begrenzte Fähigkeiten. Sie wird niemals singen, niemals Bücher schreiben können. Sie geht schon gar nicht mehr in die Schule. Wir haben das Beste, was wir konnten, für sie getan. Aber eines sollt ihr wissen: Das ist meine Tochter, und ich liebe sie. Sie bedeutet mir alles. Und ich schäme mich nicht, mit ihr zusammen gesehen zu werden. ‚Stimmt, Kleines. Wen-auch-immer!'"[4]

Die zarte Liebe dieses Vaters strömte aus seinem Herzen

und umhüllte mich. Ich tat Abbitte vor dem Herrn dafür, daß ich mich über den kleinen Ärger mit meinen Kindern beschwert hatte und freute mich darauf, sie oben auf dem Berg wieder in die Arme nehmen zu dürfen.

Nachtschreck

Sind Sie mitten in der Nacht einmal geweckt worden, weil ein Kind panische Angst hatte, jedoch nicht erklären konnte weshalb? Dieses Kind hat vielleicht soeben etwas erlebt, das man als Nachtschreck, nicht aber als Alptraum bezeichnet. Dieser Unterschied ist von Bedeutung.

Wenn Kinder mitten in einem Alptraum aufwachen, können sie für gewöhnlich eine „Geschichte" erzählen und sagen, was sie daran so erschreckt hat. Man kann sie trösten und für den Rest der Nacht wieder ins Bett bringen. Kinder, die einen Nachtschreck erlebt haben, können meist nicht geweckt werden, selbst wenn sie mit offenen Augen, schreiend und zittern aufrecht im Bett sitzen. Sie befinden sich gleichsam in einer anderen Welt, an die sie sich am nächsten Morgen nicht erinnern können.

Man weiß, daß Nachtschreck in der vierten Schlafphase geschieht, die tiefer und vom Bewußtsein weiter entfernt ist als jede andere menschliche Erfahrung. In diesem Stadium sind die Körperfunktionen auf ein Minimum reduziert, um das Leben zu gewährleisten. Atmung, Herzschlag, Stoffwechsel und andere Funktionen bewegen sich im Zeitlupentempo. Alpträume jedoch treten in der dritten Schlafphase auf, womit sie unserem Bewußtsein näher sind und Zusammenhänge zu Ereignissen im Alltag aufweisen.

Es ist gut zu wissen, daß Nachtschreck keinerlei negativen körperlichen oder seelischen Auswirkungen hat. Man kann diesen Zustand mit einer geringen Dosis eines Medikaments verhindern, das von Hausärzten verschrieben wird. Empfohlen wird es jedoch nicht, es sei denn, daß sich die Eltern in ihrer vierten Schlafphase gestört fühlen.

Es lohnt sich zu wissen, daß Nachtschreck und Alpträume nicht das gleiche sind.

Das Erdbeben

Wir haben uns bereits mit dem als Nachtschreck bekannten Phänomen beschäftigt, jener beängstigenden Erfahrung, die einige Kinder während des Schlafes haben und die sich von Alpträumen stark unterscheidet.

Meine eigene Tochter hatte solch ein Erlebnis, als sie ungefähr vier Jahre alt war. Eines Nachts, gegen Mitternacht, begann sie in ihrem Bett laut zu schreien. Als ich an ihre Seite eilte, redete sie aufgeregt etwas von einer Wand, die sie auf sich herabfallen sah.

Sie sagte: „Papa, sie fällt, sie fällt. Die Wand fällt!“, wobei sie absolut nicht wach war.

Ich ergriff ihre Hand und stemmte sie gegen die Wand. „Schatz, die Wand ist schon so lange da. Es ist eine sehr starke Wand, und sie fällt auch nicht. Es ist alles in Ordnung. Schlaf wieder ein. Es ist alles in Ordnung.“

Danae war meiner Ansicht nach gar nicht zu sich gekommen. Ich kuschelte sie in ihre Decken und legte mich wieder schlafen. Sechs Stunden später, am Morgen des 9. Februar 1971, erschütterte ein mächtiges Erdbeben der Stärke 6,1 auf der Richterskala die Stadt Los Angeles und brachte uns dazu, in Windeseile aus dem Bett zu springen. Ich rannte in Danaes Zimmer, um sie von der Wand wegzuholen, die inzwischen am Kopfende ihres Bettes heftig vibrierte und zusammenzustürzen drohte.

Hatte unsere vierjährigen Tochter um Mitternacht eine Art Vorwarnung des Erdbebens erhalten? Ich weiß es nicht, aber eines sage ich Ihnen: Wenn sie mir nächstes Mal berichtet, daß die Wand wackelt, dann werde ich ihr bestimmt glauben!

Geächtet wie sonst keiner

Sein Leben begann mit allen klassischen Hindernissen und Nachteilen, die man sich denken kann. Seine Mutter war eine dominierende Frau, die Schwierigkeiten hatte, jemanden zu lieben. In den ersten Jahren seines Lebens kannte er keinerlei Zärtlichkeit, und seine Mutter kümmerte sich weder um seine Erziehung noch um irgendwelche Disziplin. Als er dreizehn Jahre alt war, meinte ein Schulpsychologe, die Bedeutung des Wortes Liebe sei ihm wahrscheinlich völlig unbekannt. In den Jahren der Pubertät wollten die Mädchen nichts mit ihm zu tun haben, und mit den Jungen prügelte er sich nur.

Nachdem ihm alle beruflichen Anfänge mißglückt waren, einschließlich einem Kurzauftritt in der US Marine, verließ er fluchtartig das Land. Er heiratete ein russisches Mädchen, doch bald begann auch sie ihn zu verachten. Sie war im Zweikampf stärker als er, und sie begann ihn herumzukommandieren. Endlich war es soweit, daß sie ihn zwang, sie zu verlassen.

Nach Tagen der Einsamkeit ging er zu ihr zurück, fiel vor ihr auf die Knie und begann sie buchstäblich anzuflehen, ihn wieder bei sich aufzunehmen.

Er schluchzte zu ihren Füßen, doch sie lachte ihn aus und machte sich in Gegenwart eines Freundes über seine sexuelle Impotenz lustig. Schließlich hört er auf zu betteln. Niemand wollte etwas von ihm wissen, niemand hatte je etwas von ihm wissen wollen. Wahrscheinlich war er der am meisten abgelehnte Mensch überhaupt.

Am nächsten Tag war er wie verändert. Er stand auf, ging in die Garage und nahm ein dort verstecktes Gewehr an sich. Dann fuhr er mit dem Gewehr zu seinem Arbeitsplatz, den er kurz zuvor in einer Lagerhalle für Bücher gefunden hatte. Von einem Fenster im sechsten Stock zielte er kurz nach der Mittagspause des 22. Novembers 1963 zweimal auf den Kopf des vorbeifahrenden Präsidenten John Fitzgerald Kennedy.

Lee Harvey Oswald – der verstoßene, ungeliebte Versager – tötete den Menschen, der mehr als irgend jemand sonst auf der Erde Erfolg, Schönheit, Reichtum und Familienzugehörigkeit verkörperte, wie sie Oswald ersehnte. Als er abdrückte, tat er das einzige, was er in seinem ganzen, elenden kleinen Leben gelernt hatte.[5]

Kinder sind wie Drachen

Das Loslassen unserer Kinder kann für uns Eltern eine schwierige Aufgabe darstellen. Die verstorbene Erma Brombeck hat es mit dem Drachenfliegen verglichen, wo Mutter und Vater die Straße entlanglaufen in der Hoffnung, einen Windhauch zu verspüren. Es gelingt ihnen unter großen Anstrengungen, den Drachen einige Meter in die Luft zu hieven. Im dem Moment, in dem sie meinen, alles laufe glatt, da ist Gefahr im Anzug. Der Drache stürzt in Richtung der elektrischen Drähte und windet sich in furchterregender Nähe zu den Baumkronen. Welch erschreckender Augenblick! Dann erfaßt ein unerwarteter Windstoß den Drachen und trägt ihn himmelwärts. So schnell sie können, spulen sie mehr Leine ab.

Der Drachen läßt sich schwer halten. Die Eltern gelangen ans Ende ihrer Leine und fragen sich, was nun zu tun sei. Das kleine Gefährt verlangt nach mehr Freiheit. Der Drachen steigt höher und höher hinauf. Der Vater stellt sich auf Zehenspitzen. Die Leine wird bei ausgestrecktem Arm zwischen Daumen und Zeigefinger gehalten. Dann kommt der Augenblick des Loslassens. Und schon gleitet die Leine durch die Finger des Vaters, und dann erhebt sich in majestätischer Pracht der Drachen hinauf in Gottes weiten Himmel.

Der Drachen ist inzwischen zu einem farbigen Fleck von Stecknadelgröße zusammengeschrumpft. Die Eltern sind stolz auf das, was ihnen gelungen ist – und dennoch ein wenig traurig im Bewußtsein, daß ihre Aufgabe beendet ist.

Die Liebe rechtfertigte alle Last. Doch wo, wo nur blieben die Jahre?[6]

Elternschaft ist eine erregende und aufregende Erfahrung zugleich und eine, die von alters her festgelegt war. Mit dem endgültigen Loslassen ist die Aufgabe der Eltern beendet. Der Drachen ist frei, und zum ersten Mal in zwanzig Jahren sind es die Eltern auch.

Oma spinnt

Es gab eine Zeit, da standen Onkel, Tanten, Brüder und Schwestern bei der Kindererziehung zur Verfügung. Doch heute ist es üblich, daß die Familie im weitesten Sinne im ganzen Land verteilt ist und enge Familienbande fehlen. Selbst Großeltern stehen oft nicht zur Verfügung, weil sie genauso beschäftigt sind wie ihre Sprößlinge. Es gibt ein kleines humorvolles Gedicht, das Ihnen gefallen wird. Es heißt „Wo sind nur all die Omas geblieben?"

Lange, ach, schon lang ist's her -
ach, diese Zeit, die gibt's nicht mehr,
als unsre Omas nähten, strickten
und manche gute Hose flickten.

Und als man in der Patsche saß
und seine Pflichten mal vergaß,
da war es Oma, die nicht schlecht
uns immer wieder half zurecht.

Doch heute treibt sie gerne Sport
und rennt und läuft von Ort zu Ort.
Und wenn sie nicht im Café sitzt,
sie bei 'nem Vortrag Ohren spitzt.

Und weil sie gerne braun sein will,
sitzt sie im Studio unterm Grill.
Sie merkt nicht, daß die Zeit verrinnt,
nur ich bin sicher: Oma spinnt![7]

Jetzt wissen wir also, warum Großmutter nicht zu Hause sitzt und auf einen Anruf ihrer Enkelkinder wartet. Es ist gut, wenn ältere Menschen beschäftigt sind und ihr Leben kreativ gestalten. Doch wenn sie deshalb keine Zeit für ihre Enkel nehmen, geht uns allen dabei etwas verloren. Kinder brauchen nicht nur Mütter und Väter, die sich ihnen liebevoll widmen, sondern auch ältere Erwachsene, die sich einbringen. Für diese

Verantwortung bestens qualifiziert sind liebevolle Großeltern, die sich aus leidenschaftlichem Interesse ihrem eigenen Fleisch und Blut widmen.

Bis die Klebe trocknet

Dr. Desmond Morris, der bekannte Forscher und Autor, hat sich viele Jahre lang damit beschäftigt, die Institution der Ehe zu erforschen und all jene Faktoren zu bestimmen, die zu einer lang anhaltenden Ehe beitragen. Die Gründe, weshalb die Beziehung zwischen einem Mann und einer Frau nicht lange anhält, sagt er, sind für gewöhnlich in der Zeit des Kennenlernens zu suchen, als die Verbindung zueinander nicht ausreichend gefestigt wurde.

Was war es, das die Verbindung zueinander unterbrach? Es ist möglicherweise darauf zurückzuführen, daß das Paar zu früh in der Kennenlernphase körperlich intim wurde. Statt sich Zeit zu nehmen, um einander kennenzulernen, miteinander zu reden, zu lachen und die Geheimnisse ihrer Liebe zu ergründen, werden sie zu früh in ihrer Beziehung zueinander intim. Solche Vertraulichkeiten stören das Einandernäherkommen und schwächen für immer das eheliche Band.[8]

Der folgende Vergleich mag hinken, aber diese Erkenntnis erinnert mich an meine Bemühungen, als Kind Modellflugzeuge zu bauen. Meine Freunde brachten es fertig, die schönsten Flugzeug aus Balsaholz zu bauen, doch mir gelang nicht ein einziges. Weshalb? Weil ich zu ungeduldig war und nicht darauf warten konnte, daß die Klebe trocknete. Ich konnte einfach nicht warten, bis die Klebe trocknete und mußte stattdessen immer daran herumfingern.

Liebesbeziehungen, die bereits in ihren Anfängen des Kennenlernens mit Berührungen, Küssen, Zärtlichkeiten und Geschlechtsverkehr beginnen, schaden der inneren Verbindung zueinander. Wenn Sie sich einer innigen Freundschaft erfreuen wollen, die ein Leben lang frisch bleibt, dann gibt es dafür einen einfachen Schlüssel: Lassen Sie die Finger voneinander, bis die Klebe getrocknet ist.

Sind Hausaufgaben sinnvoll?

Was halten Sie von Hausaufgaben in der Grundschule? Sind sie sinnvoll? Und wenn ja, in welcher Menge?

Nachdem ich mehrere Bücher über Disziplin geschrieben habe und als Vertreter angemessener elterlicher Autorität bekannt bin, wird Sie meine Antwort überraschen: Ich glaube, daß Hausaufgaben für kleinere Kinder kontraproduktiv sein können, wenn sie nicht mit Vorsicht genossen werden. Kleinere Kinder müssen fünf Stunden am Tag in der Schule sitzen und lernen. Viele von ihnen haben noch eine längere Busfahrt zu bewältigen. Und dann? Dann werden sie zu Hause an ihren Schreibtisch gesetzt und aufgefordert, noch mehr zu erledigen. Das ist zu viel verlangt von einem drahtigen, quirligen, abenteuerlustigen Kind. Das Lernen wird zu einer langweiligen Angelegenheit, anstatt das zu sein, was es sein sollte, nämlich ein spannendes Aufgabenfeld.

Übermäßige Hausaufgaben in den ersten Schuljahren kann sich auch nachteilig auf das Familienleben auswirken. Bei uns zu Hause wollten wir unsere Kinder an den Aktivitäten unserer Kirchengemeinde teilnehmen lassen, wollten als Familie zusammen sein und die Kinder nach der Schule draußen spielen lassen. Es wäre gut für sie gewesen zu schaukeln und auch mit ihren Freunden Ballspiele zu machen, doch bis sie ihre Hausaufgaben erledigt hatten, war es draußen dunkel geworden und das Abendessen stand auf dem Tisch. Danach mußte geduscht werden, und dann ging es ab ins Bett. Solch ein Tagesablauf erschien uns irgendwie nicht richtig.

Hausaufgaben haben ihren Stellenwert in der Erziehung eines Kindes, doch die Zeit, die es in den ersten Schuljahren darauf verwendet, sollte sehr begrenzt sein. Nach einem langen Schultag gibt es für ein Kind Besseres zu tun.

Mehr Hausaufgaben

Noch ein Gedanke zu Hausaufgaben in der Grundschule. Obgleich viele Lehrer und Eltern mit mir nicht einig sein werden, bin ich der Ansicht, daß die Zeit für Hausaufgaben im Anschluß an den Unterricht sehr begrenzt sein sollte.

Außer jenen bereits erwähnten Faktoren entsteht für die Eltern ein beträchtliches Maß an Streß. Viele Kinder wollen ihre Aufgaben nicht erledigen oder werden dabei müde und weinerlich. Es folgen Schimpfworte. Ich bin sicher, daß einige frustrierte Eltern ihre Geduld verlieren und ihre unreifen Kinder körperlich züchtigen.

Als meine Frau Shirley in der zweiten Klasse unterrichtete, kam ein Mädchen eines Tages mit schwarz umrandeten, geschwollenen Augen in den Unterricht. Sie berichtete, ihr Vater habe sie geschlagen, weil sie bestimmte Wörter nicht richtig schreiben konnte. Das ist natürlich heutzutage gesetzlich verboten, damals jedoch wurde so etwas bedauerlicherweise geduldet. Das arme kleine Wesen hat sich sicherlich ihr Leben lang für „dumm“ gehalten.

Dann gibt es solche Eltern, die die Hausaufgaben für ihre Kinder erledigen, um Spannungen zu vermeiden. Haben Sie jemals zwei Wochen lang für Ihren Elfjährigen ein Erdkundeprojekt ausgearbeitet und dafür dann schließlich nur eine 3 – 4 geerntet? Darauf hätten Sie sicher gern verzichtet!

Auf den Punkt gebracht: Ich glaube, Hausaufgaben in der Grundschule sind angemessen, wenn es sich um das Einmaleins, das Buchstabieren und Nacharbeiten von Klassenarbeiten handelt. Auch erweisen sich Aufgaben als sinnvoll, wenn es darum geht, daß die Kinder lernen, mit ihren Schulbüchern richtig umzugehen, sich an das zu erinnern, was ihnen aufgetragen wurde und das Aufgetragene angemessen zu erledigen. Sie jedoch Nachmittag für Nachmittag mit eintönigen schriftlichen Arbeiten zu beschäftigen, kann bei den Kindern zu Lernburnout führen. Das sollte man keinem Kind antun!

Der Millionär

In den fünfziger Jahren gab es in Amerika eine beliebte Fernsehsendung namens *Der Millionär.* Darin wurde ein reicher Mann gezeigt, der jede Woche eine Million Dollar anonym an eine nichtsahnende Person verschenkte. Dann wurde gezeigt, wie dieses Geld das Leben dieser Person veränderte. Das Ende war immer schrecklich. Anstatt Probleme zu lösen oder das Leben leichter zu machen, führte der unerwartete Reichtum bei den Beschenkten nur zu Gier, Gewalt und Streitigkeiten.

Diese Geschichte ist frei erfunden – oder etwa nicht? Wahr ist auf alle Fälle, daß plötzlicher gewonnener Reichtum oft genau das bewirkt. Mit dem Zunehmen von staatlichen Lotteriespielen in den Vereinigten Staaten gibt es jedes Jahr zahlreiche neue Millionäre. Inzwischen hat man erfahren, was mit diesen „glücklichen" Gewinnern geschieht, wenn sie das große Los gezogen haben.

Wußten Sie, daß bei einem Drittel aller Lotteriegewinner das Leben so verläuft: von Armut zu Reichtum zu Bankrott. Weitere 25 Prozent verkaufen schließlich ihre restlichen Gewinnraten zu einem Spottpreis, um Schulden abzahlen zu können. Eine Gesellschaft, die diese noch ausstehenden Ansprüche aufkauft, besitzt inzwischen aus diesen Höchstgewinnen einen Nennwert in Höhe von $ 500 Millionen. Richard Salvato, ein Mann, der es wissen muß, sagte: „Die Schwierigkeit mit den großen Gewinnen besteht darin, daß sie die menschlichen Schwächen noch verstärken. Wer mit wenig Geld unvorsichtig umgeht, geht auch mit größeren Summen so um. Der Mensch ändert sich nicht." [9]

Wenn Sie also den Wunsch haben, einmal das große Los zu ziehen und ohne Sorgen leben zu können, dann ist dieser Traum nur eine Seifenblase. Erstens sind die Chancen einen Jackpot zu knacken unendlich gering, und zweitens, selbst wenn Sie gewinnen, dann stecken Ihre Sorgen erst in den Anfängen. Das habe ich 1955 aus dem Film *Der Millionär* gelernt.

Wieviel ist eigentlich genug?

Wir sprachen über Lotteriegewinner und darüber, was aus denen wird, die plötzlich Millionäre geworden sind. Begleitstudien bestätigen, daß ein Drittel der plötzlichen Millionäre innerhalb weniger Jahre bankrott sind. Einige verlieren ihren Reichtum aufgrund schlechter Geschäftsabschlüsse, ihres extravaganten Lebensstils, fadenscheinigen Pläne und der Überredungskünste ihrer Verwandtschaft. Es fehlt ihnen ganz einfach die Fähigkeit, mit Geld umzugehen, besonders mit größeren Summen.

Es besteht jedoch eine weitaus größere Gefahr für nicht erarbeiteten Reichtum. Viele der großen Gewinner spielen aller Wahrscheinlichkeit nach weiter um Geld, dieses Mal jedoch mit noch größeren Einsätzen. Wenn sie einmal gewonnen haben, was ja eigentlich kaum wahrscheinlich war, dann meinen sie, das Glück gepachtet zu haben. Schließlich ist die Glücksfee ja letztes Mal großzügig gewesen, warum sollte sie es nicht auch beim nächsten Mal sein? Es ist interessant, zu erfahren, wie häufig Gewinne in Millionen-Dollar-Höhe gleich darauf verspielt werden.

Hierin liegt für uns alle, nicht nur für die Gewinner von Jackpots, ein wichtiges Prinzip verborgen. Wenn man nicht weniger ausgibt als man verdient, wird kein auch noch so großes Einkommen groß genug sein. Deshalb geraten einige Menschen trotz Gehaltserhöhungen immer tiefer in die roten Zahlen. Lassen Sie es mich wiederholen: *Kein noch so großes Einkommen* wird ausreichen, wenn man seine Ausgaben nicht unter Kontrolle hat.

Der *einzige* Weg, um finanziell voranzukommen, besteht darin, sich nicht immer die Dinge zu gönnen, die man haben möchte. Wenn es uns an Selbstbeherrschung mangelt, werden wir immer Schulden haben.

Sehen wir uns einmal die Finanzen der Regierung der Vereinigten Staaten an. Die Steuereinnahmen betragen jährlich mehr als eine Billion Dollar. Das sind eintausend Mal eine Milliarde! Doch in den vergangenen Jahren hat der Kongreß dieses enorme Einkommen um 5,6 Billionen US-Dollar überzogen, so daß die Haushaltsschulden alle zweiunddreißig Stunden um eine Milliarde Dollar anstiegen.[10]

Es führt kein Weg daran vorbei: Ob es sich um eine Regierung oder um einen Privatmann handelt, bei beiden muß die Bereitschaft bestehen, innerhalb seiner finanziellen Möglichkeiten zu leben. Wer nicht dazu bereit ist, den wird selbst ein Jackpot in 15 Millionen Dollar Höhe nicht retten.

Wie gewonnen, so zerronnen, sagt man.

Reiche Kinder

Im Zusammenhang mit dem geburtenstarken Jahrgang der nun bald Fünfzigjährigen wird sich, laut Warnung der Demographen und Nachlaßgerichte, etwas Dramatisches ereignen. Nach dem Tod ihrer Eltern werden sie mehr als 10 Billionen Dollar erben. Damit findet der größte Geldtransfer aller Zeiten statt.[11]

Die Frage lautet: Wie werden sie mit diesem plötzlichen Reichtum umgehen? Ein Hinweis darauf mag in einer soziologischen Studie zu finden sein, die John Sedgwick in seinem Buch *Rich Kids* (Reiche Kinder) anführt. Der Autor hat intensive Studien betrieben im Zusammenhang mit denen, die große Treuhandvermögen geerbt haben. Er gelangte zu dem Schluß, daß plötzlicher Reichtum Gefahren in sich birgt. Die Tatsache, daß sie nicht mehr arbeiten müssen, verleitet zu einem lockeren Lebenswandel, und so manch einer wird spielsüchtig oder alkoholabhängig. Geld kann auch Ehen zerstören. Und nichts kann Geschwister so entzweien wie Geld, wenn Streitigkeiten über die Finanzen und die Führung eines Familienunternehmens aufkommen.[12]

Ausnahmen bestätigen natürlich die Regel. Einige Menschen gehen mit äußerster Vorsicht an Reichtum und Macht heran. Der Umgang mit Geld ist bestenfalls nicht ganz ohne Risiko und bedarf großer Reife und Selbstkontrolle. Vor dem Verfassen ihres Testaments sollten sich reiche Eltern einige Fragen stellen, besonders dann, wenn ihre Erben noch jung sind. Ist es sinnvoll, wenn sie ihren Erben all das ersparen, was zum Erfolgreich-Sein dazugehört, wie z. B. die Notwendigkeit, hart zu arbeiten, sparsam zu leben, Rücklagen zu bilden und im Schweiße seines Angesichts etwas zu leisten? Und selbst wenn ihre Kinder in der Lage sein sollten, mit einem großzügigen Erbteil richtig umzugehen, wie gehen dann die Enkelkinder und die zukünftigen Generationen damit um? Ich weiß, daß meine Ansichten hierüber unkonventionell sind. Einer der Gründe, weshalb manche Menschen so schwer arbeiten, ist der, daß sie es ihren Kinder und zukünftigen Erben leichter machen wollen. Sie lieben ihre Kinder und wollen ihnen manches ersparen. Und selbst dann sollte ein größeres Treuhandvermögen nur mit der allergrößten Sorgfalt und Vorbereitung an diejenigen weitergereicht werden, die es sich ja nicht verdient haben.

Eine volle Tasse läßt sich nur mit ruhiger Hand tragen!

Vater, ich habe dich eigentlich gar nicht gekannt

Vor einigen Monaten sprach ich mit einem Mann, der mir eine der schmerzlichsten Erfahrungen seines Lebens mitteilte. Mit siebzehn Jahren war er einer der Stars seiner Fußballmannschaft. Doch sein Vater, ein sehr erfolgreicher Geschäftsmann, war immer zu beschäftigt, um seinem Sohn bei den Spielen zuzusehen.

Eines Tages sollte das Abschlußspiel der Saison ausgetragen werden, das auch zugleich Meisterschaftscharakter hatte. Der Junge war wild erpicht darauf, seinen Vater dabei zu haben. Am Abend des großen Spiels blickte er während der Aufwärmphase nach oben ins Stadium hinein und erkannte gerade noch rechtzeitig, wie sein Vater mit zwei weiteren Männern in Anzügen gekleidet erschien. Die drei standen einige Minuten lang zusammen und verließen dann das Stadion.

Der Mann, der mir diese Geschichte erzählte, ist inzwischen fünfundachtzig Jahre alt, und doch liefen ihm die Tränen herunter, als er diesen Augenblick von damals frisch vor Augen sah. Vierzig Jahre sind seit jener Nacht vergangen, und doch sind die Ablehnung und der Schmerz noch so frisch wie eh und je. Mir ging schmerzlich auf, welchen großen Einfluß Väter im Leben ihrer Kinder haben. Bringt sich ein Vater nicht ein, liebt er sie nicht und sorgt er sich nicht um sie, dann entsteht auf Jahrzehnte hinaus ein folgenschweres Vakuum.

Der Vater meines Freundes starb vor kurzem. Als er am Sarg seines Vaters stand, sagte er: „Vater, ich habe dich eigentlich gar nicht gekannt. Wir hätten so viel Liebe füreinander empfinden können – aber du hattest nie Zeit für mich."

Taubheit verhindern

Ich möchte heute eine Warnung vor übermäßigem Lärm weitergeben und insbesondere vor jenem Lärm, der auf die Ohren unserer Kinder prallt. Weil unser Ohr seine Hörfähigkeit einem Mechanismus verdankt, der der Abnutzung unterliegt, führt Überanstrengung, laut Meinung der Ohrenfachärzte, in späteren Jahren häufig zu Taubheit.

Diese Tatsache wird von einer Studie belegt, die unter den Eingeborenen eines abgelegenen Regenwaldes im Amazonasgebiet angestellt wurde. Diese Menschen hörten in ihrem Dorf selten Geräusche, die lauter waren als die eines quakenden Papageis oder als das Gelächter von spielenden Kindern. Die Hörfähigkeit dieser Menschen ist, wen überrascht das, bis ins hohe Alter fast perfekt. Dieser Stamm kennt buchstäblich keine Taubheit.

In Gegensatz dazu bedrängt eine geräuschvolle Umgebung die drei feinen Knochen des Mittelohrs und verringert die Hörschärfe. Motorräder, Müllwagen, Fernsehen und Hochfrequenzmaschinen verlangen ihren Tribut. Doch Kinder und junge Menschen sind durch ihre Musik besonders gefährdet. Man kann sich die Wirkung vorstellen, die Musikgeräte wie Walkman oder andere Stereoausrüstungen bei voll aufgedrehter Lautstärke über zehn oder mehr Jahre ausüben.

Der Besuch eines Rolling-Stones-Konzerts hat die gleiche Wirkung, wie wenn man sich unter einen Jumbo-Jet festschnallen läßt, der abhebt oder wenn man auf der Kühlerhaube eines Truckers angeschnallt wäre, der mit 90 km/h die Straße entlangbraust. Pete Townshend, der Lead Sänger der legendären Rockgruppe *The Who* ist auf einem Ohr fast taub, weil er bei seinen Auftritten dicht neben Tonwiedergabegeräten stehen mußte.[13]

Daraus ergibt sich, daß Eltern den Versuch unternehmen sollten, ihre Kinder vor allzu großem Lärm zu schützen. Bei unserer heutigen Jugendkultur ist das wahrlich eine schwere Aufgabe, allerdings auch eine lohnende.

Schon gut, Jake

Dick Korthals, einer unserer Teammitarbeiter bei *Focus on the Family*, berichtete von einem Besuch bei einer Hundeschau. Als Teil des Wettbewerbs mußten ein Dutzend Hunde auf Befehl stehenbleiben und acht Minuten lang wie angewurzelt stillstehen, während ihre Besitzer die Arena verließen. Die Richter stuften sie nach ihrer Haltung während der Abwesenheit ihres Herrchens ein.

Vier Minuten nach Beginn der Übung fiel Dick ein wunderschöner Schäferhund mit Namen Jake auf, der ziemlich am Ende der Reihe stand. Man spürte, daß er langsam aber sicher seine Haltung verlor und ganz allmählich zu Boden ging. Bis sein Trainer zurückgekehrt war, lag Jake flach auf dem Bauch mit dem Kopf zwischen den Pfoten.

Jake sah die Enttäuschung in den Augen seines Besitzers und versuchte ihm entgegenzurobben. Jeder wartete auf einen Tadel des Trainers, weil der Hund eine so schlechte Vorstellung abgegeben hatte. Statt dessen beugte sich dieser nieder, nahm den Kopf des Hundes in die Hände und sagte lächelnd: „Schon gut, Jake. Nächstes Mal schaffen wir es besser." Es war ein ganz besonderer Augenblick.[14]

Darin liegt auch für uns Eltern eine Lektion. Es läßt sich gar nicht vermeiden, daß uns unsere Kinder enttäuschen. Unsere natürliche Reaktion bei einem Versagen ihrerseits wäre, sie zur Rede zu stellen: „Weshalb hast du es nicht geschafft!?" oder „Wie konntest du dich nur so dumm anstellen?!" Wenn wir weise sind, bedenken wir ihre Unreife und Unvollkommenheit. Dann nehmen wir das Kind in den Arm und sagen: „Schon gut, mein Kind. Nächstes Mal machen wir es besser."

General MacArthur

Es war im Jahre 1962. General Douglas MacArthur war inzwischen alt und schwach geworden. Er war einer der größten militärischen Helden aller Zeiten und hatte die amerikanischen Armeen des Ersten und Zweiten Weltkriegs und auch in Korea befehligt. Nun lagen seine glanzvollen Stunden hinter ihm.

An jenem Tag im Jahre 1962 war der General zu seinem geliebten West Point zurückgekehrt, wo er ungefähr sechzig Jahre zuvor als Kadett gedient hatte. Er wollte Abschied nehmen. Seine Rede war eine der bedeutendsten, die ich jemals gehört habe. Die Überschrift lautete: „Pflicht, Ehre, Vaterland" und endete folgendermaßen:

> Die Schatten werden länger. Die Abenddämmerung ist für mich schon hereingebrochen. Meine Tage sind vorüber, vorüber auch die schimmernde Pracht, mit der sie meine Träume von einstigen Dingen erhellte. Die Erinnerung erstrahlt in wundersamer Schönheit, von Tränen benetzt, hervorgezaubert und zärtlich berührt von gestrigem Lächeln. Sehnsüchtig lauschen meine Ohren auf den verzauberten Ton eines fernen Hornsignals, und sie erahnen das Trommeln zum Morgenappell.
>
> In meinen Träumen höre ich immer und immer wieder den matallenen Klang der Gewehre, das Rasseln der Musketiere, das unheimlich trauervolle Gemurmel der Schlachtfelder. Doch am Abend meiner Erinnerungen komme ich nach West Point zurück. Immer und immer wieder heißt es „Pflicht, Ehre, Vaterland". Heute ertönt für mich der letzte Appell. Sie alle sollen wissen: wenn ich ins andere Leben hinübergehe, dann werden meine letzten Gedanken auf das Korps gerichtet sein, auf das Korps und noch einmal auf das Korps. Ich nehme Abschied von Ihnen.[15]

General Douglas MacArthur starb etwa zwei Jahre später am 5. April 1964. Es ziemt sich, daß wir, die wir die Annehmlichkeiten der Freiheit genießen, einmal innehalten, um diesem General und all denen in Uniform zu danken, die bei der Verteidigung der Freiheit ihr Leben lassen mußten. Wir schulden ihnen unendlich viel. Sie lebten nach dem Motto: „Pflicht, Ehre und Vaterland!"

Eine einfache Tüte voller Lebensmittel

Vor einigen Jahren tätigte ich einige Einkäufe in einem Lebensmittelmarkt. Vor mir an der Kasse stand eine ältere Dame, die ein wenig verstört wirkte. Sehr schnell war ersichtlich, daß sie mehr Lebensmittel auf das Band gelegt hatte, als sie bezahlen konnte; denn sie durchsuchte fieberhaft ihre Geldbörse nach mehr Geld. Die Kassiererin addierte geduldig alle eingekauften Artikel.

„Ich weiß nicht, wo mein Geld geblieben ist", sagte die ältere Dame, während sie verzweifelt in den Tiefen der Börse herumsuchte.

Wähend sie noch mit Suchen beschäftigt war, flüsterte ich der Kassiererin zu: „Zählen Sie ruhig alles zusammen. Nehmen sie einfach das Geld an, das sie Ihnen gibt. Den Rest setzen Sie dann auf meine Rechnung."

Das wurde dann auch so gemacht, und ich zahlte die übrigen acht Dollar, um die Differenz auszugleichen. Die ältere Frau hat gar nicht erfahren, daß ich ihr aus der Patsche geholfen hatte. Sie schob gemächlich ihren Einkaufswagen vor sich her, offensichtlich erleichtert darüber, daß ihr Geld für den Einkauf genau gelangt hatte. Als ich in das Gesicht der Kassiererin blickte, sah ich, daß sie Tränen in den Augen hatte. Ich fragte sie nach dem Grund. „Seit zwanzig Jahren sitze ich hier an der Kasse", sagte sie, „und so etwas ist mir noch nie unterkommen."

Es war wahrhaftig keine große Heldentat, die ich vollbracht hatte. Es handelte sich um schlichte acht Dollar, doch solch eine Geste der Freundlichkeit ist heutzutage so selten geworden, daß es uns schockt, wenn so etwas eintritt. Ich sage Ihnen eines: Diese acht Dollar sind vielleicht die sinnvollsten, die ich jemals ausgegeben habe! Ich wünschte nur, ich hätte der lieben älteren Dame die ganze Rechnung bezahlt.

Respekt vor älteren Menschen

Vor vielen Jahren strahlte das Fernsehen einen Dokumentarbericht aus, den ich nie vergessen habe. Thema war das Leben einer älteren Frau mit Namen Elizabeth Holt Hartford, die in einem asozialen Viertel in Los Angeles wohnte. Die folgenden Abschiedsworte wurden einige Wochen vor ihrem Tod auf Band aufgenommen und später ausgestrahlt:

„Sie sehen mich als alte Frau, von den Jahren schwer gezeichnet. Was Sie aber nicht wissen, ist, daß ich es bin, die hier drinnen in diesem Körper wohnt. Ich bin gefangen in einem Leib, der mir nicht mehr gehorcht. Dieser Leib schmerzt überall, ist runzlig und voller Krankheiten. Aber ich habe mich nicht geändert. Ich bin noch immer die Person, die ich war, als dieser Leib noch jung war."

Die Jüngeren unter uns mögen sich mit diesen Worten der Mrs. Hartford schwer tun. Sie sprach von der „ungewollten Generation" und davon, wie einem zumute ist, wenn man als alter Mensch in einer Zeit lebt, die von sehr jungen Menschen beherrscht wird; wenn man nicht mehr gut sehen und hören kann; wenn der eigene aktive Geist in einem hoffnungslos starren Körper gefangen ist; wenn man von geschäftigen Kindern abhängig ist; wenn man in einer erotisierten Gesellschaft emotional und physisch geschlechtslos geworden ist; wenn man nicht in der Lage ist, etwas Wertvolles zu leisten oder beizutragen; und wenn man niemanden hat, der sich an die Zeit erinnern kann, als man noch jung war.

Ein Internist sagte mir einmal, daß 80 % seiner älteren Patienten körperliche Symptome aufweisen, die von seelischen Problemen herrühren. Hoffnungslose Verzweiflung äußert sich sehr schnell in körperlichen Gebrechen. Offensichtlich ist das Selbstwertgefühl eines Menschen wichtig für das Wohlbefinden aller Menschen. Lassen Sie uns denen mit Liebe und Respekt begegnen, die, wie Elizabeth Holt Hartford, den Zenith ihres Lebens überschritten haben.

Duschen

Als ich im Teenagealter war, mußten wir in der Schule nach dem Sportunterricht duschen. Unser Lehrer prüfte dann, ob wir sauber waren, ehe wir in den weiteren Unterricht gehen durften. Wer als Schüler nicht duschte, wurde mit einer schlechten Note bestraft. Doch diese Zeiten sind vorbei.

Das verstärkte Körpergefühl der Jugendlichen heute hat dazu geführt, daß sie eine gewisse Scheu haben, sich in Gegenwart anderer auszuziehen. Der unterschiedliche Wachstumsgrad bei den einzelnen Schülern ist derart ausgeprägt, daß einige bereits erwachsen sind, während andere noch in der Vorpubertätsphase stecken. Für den, der noch nicht voll entwickelt ist, erscheint es schmachvoll, seinen Körper vor einer Horde voll entwickelter Jugendlicher zu entblößen.

Früher war ich als Schulpsychologe tätig und hatte mit diesen Problemen zu tun. Ich kann mich an einen Jungen erinnern, der eine höhere Klasse besuchte, sich aber standhaft weigerte zu duschen, weil er von den anderen schamlos ausgelacht wurde. Als ich davon erfuhr, stimmte ich zu, daß er nicht mehr gezwungen werden sollte, sich fünfmal die Woche vor seinen Klassenkameraden dieser demütigenden Prozedur zu unterwerfen. Ich konnte sein Anliegen mit Erfolg beim Sportlehrer durchsetzen.

Vor zwanzig Jahren war die Reaktion dieses Jungen noch ungewöhnlich. Heute ist sie üblich geworden. Das Körperbewußtsein unserer heutigen Zivilisation hat viele Kinder und Jugendliche für ihre persönlichen Unvollkommenheiten sensibilisiert. Ein weiterer Grund dafür ist auch, daß Trainer und Lehrer vor falschen Beschuldigungen im Hinblick auf sexuellen Mißbrauch nicht gefeit sind.[16]

Die Folge davon ist, daß Lehrer in den Klassenzimmern unterrichten müssen, die nach Sporthalle riechen, um es gelinde auszudrücken. Das ist ein Zeichen unserer Zeit.

Erwartungen zurückschrauben

Der Astrophysiker Stephen Hawking ist der vielleicht intelligenteste Mensch auf Erden und wird von einigen mit Albert Einstein verglichen. Doch Hawking leidet unter einer seltenen degenerativen neuromuskulären Störung, genannt Amyotrophische Lateralsklerose (ALS-Syndrom). Er ist so gut wie vollständig gelähmt. Zur Übermittlung seiner Kalkulationen und Gedanken bedient er sich unter Zuhilfenahme seiner Fingerspitzen eines Computers.

Im Hinblick auf sein Leiden betont Dr. Hawking eine besonders beeindruckende Perspektive. Er berichtet, daß er sich vor seiner Krankheit in seiner „sinnlosen Existenz" gelangweilt fühlte. Er trank zu viel und arbeitete wenig. Nachdem ihm mitgeteilt wurde, daß er nur noch zwei Jahre zu leben habe, gewann sein Leben an Bedeutung, und er war glücklicher als zuvor.

Das Paradoxe dieser Situation erklärt er folgendermaßen: „Wenn die Lebenserwartungen auf Null reduziert werden, weiß man alles zu schätzen, was man hat." [17]

Das stimmt. Für den, der stirbt, gewinnt alles an Bedeutung: das Aufgehen der Sonne, ein Spaziergang im Park, Kinderlachen. Wer jedoch meint, das Leben schulde ihm etwas, ist übel dran. Die hohe Anzahl Depressiver in den westlichen Nationen, und vielleicht auch die tragischen Scheidungszahlen, hängen teilweise unmittelbar mit unrealistischen Erwartungen zusammen.

Darf ich vorschlagen, daß wir unsere Umstände so annehmen, wie sie sind, und daß wir nicht mehr vom Leben erwarten, als es zu bieten vermag?

Ich wünsche mir ...

Die Lehrerin einer sechsten Klasse berichtete mir von den Ergebnissen eines kreativen Aufsatzprojektes, das sie mit ihren Schülern durchgeführt hatte. Sie forderte ihre Schüler auf, eine Reihe von Sätzen zu Ende zu führen, die so begannen: „Ich wünsche mir ..." Die Lehrerin erwartete, daß die Schüler von Fahrrädern, Spielzeug, Tieren oder Centre Parks erzählten. Sie hatte sich aber geirrt. Statt dessen bezogen sich zwanzig der dreißig Kinder auf das Auseinanderbrechen ihrer Familien oder auf häusliche Konflikte. Hier nun einige ihren Sätze:

„Ich wünsche mir, daß meine Eltern sich nicht mehr so zanken, und ich wünsche mir, daß mein Vater wiederkommt."

„Ich wünsche mir lauter Einser, damit mein Vater mich wieder liebhat."

„Ich wünsche mir, daß meine Mutter keinen Freund hätte."

„Ich wünsche mir, daß ich nur eine Mama und einen Vater hätte, damit mich die anderen Kinder nicht mehr auslachen können. Ich habe drei Mütter und drei Väter, und die vermiesen mir das Leben."

„Ich wünsche mir ein Gewehr, damit ich alle erschießen kann, die mich ärgern."

Ich weiß wohl, daß zerrüttete Familienverhältnisse heutzutage keine Schlagzeilen mehr machen, und doch beunruhigt es mich immer wieder, wenn Kinder kämpfen müssen, wo doch schon das Erwachsenwerden so viel Kraft kostet. Millionen ihresgleichen sind in die gleiche Falle gelaufen. Jeder Aspekt ihres jungen Lebens ist im Laufe ihrer Entwicklungsjahre unter den Einfluß familiärer Instabilität geraten. Ohne irgendwann in den entscheidenden Jahren Zugang zu professioneller Beratung zu haben, schleppen viele dieser Kinder ihre Probleme hinein in ihre zukünftige Beziehungen. Dort wiederholt sich das Muster des Zerfalls bis in die nächste Generation.

Um noch einmal auf die Antworten zurückzukommen, die die Sechstklässler gaben, frage ich mich, wie wohl *Ihre* Kinder die Sätze mit „Ich wünsche mir ..." beendet hätten. Fragen Sie sie doch vielleicht einmal.

Unterschiedliche Erwartungen

Die Ursache für die meisten Konflikte zwischen Mann und Frau liegt ganz einfach an ihren unterschiedlichen Vorstellungen. Ein Beispiel dazu.

Vor einigen Jahren durchlief ich beruflich eine sehr hektische Zeit. Ich war damals vollzeitlich Professor an einer medizinischen Ausbildungsstätte und wurde noch mehr als sonst auswärts als Vortragsredner eingeladen. Damals übernahm ich mich restlos. Es war zwar töricht von mir, aber ich hatte Verpflichtungen übernommen, die ich einzuhalten hatte.

Als an einem letzten Freitag die Schlacht vorbei war, schleppte ich mich nach Hause. Ich glaubte, mir einen freien Tag verdient zu haben, und nahm mir vor, auszuspannen und am Sonnabend das Alabama-Fußballspiel anzusehen. Shirley ihrerseits hatte auch den Eindruck, ihre Pflicht erfüllt zu haben. Sechs Wochen lang hatte sie sich um die Kinder gekümmert und den Haushalt bewältigt. Es war für sie deshalb ganz selbstverständlich, daß ich den Sonnabend damit verbrachte, im Haus zu erledigen, was ihrer Ansicht nach getan werden mußte. Keiner von uns war im Unrecht. Beide hatten ein Anrecht darauf, so zu empfinden, wie wir nun einmal empfanden. Doch die beiden Vorstellungen ließen sich nicht miteinander vereinen.

Die Erwartungen trafen gegen zehn Uhr am Sonnabend morgen krachend aufeinander, als mich Shirley bat, den Sonnenschirm auf der Terrasse abzubürsten. Das wollte ich nicht tun, und so gab es einen harten Wortwechsel, der unsere Beziehung drei Tage lang auf Eis legte.

Es ist wichtig zu wissen, daß weder der eine noch der andere auf einen Streit aus war, doch beide hatten wir den Eindruck, vom anderen nicht verstanden, ja sogar verletzt worden zu sein.

Unser Konflikt war typisch für das, was sich täglich in Millionen von anderen Häusern abspielt. Es ist schlichtweg nicht absichtliche Feindseligkeit, sondern etwas, das wir als „unterschiedliche Erwartungen“ bezeichnen.

Solche Zusammenstöße lassen sich ganz einfach vermeiden, wenn beide Partner einander mitteilen, was sie denken. Es mag immer noch unterschiedliche Meinungen geben, doch unangenehme Überraschungen können so vermieden werden.

Ein lieber Freund, ein gutes Herz

In einer billigen Kaschemme wurde an einem eisigen Januarmorgen vor vielen Jahren ein Mann nackt und blutend aufgefunden. So gut sie konnten, nähten die Ärzte die Wunde an seinem Hals, doch die Verletzung und der übermäßige Alkoholgenuß hatten bereits das Ihre getan. In jener Nacht verstarb der Mann im Schlaf.

Beim Zusammenräumen seiner Habseligkeiten fand eine Krankenschwester in der einen Tasche seines schmutzigen Mantels 38 Cents und in der anderen einen zusammengeknüllten Zettel mit den Worten: „Ein lieber Freund, ein gutes Herz.“ *Klingt fast wie die Worte eines Liedes,* dachte sie und hatte damit recht. Es stellte sich heraus, daß dieser alte Mann einige der in Amerika beliebten Songs verfaßt hatte, wie z. B. „Swanee River“, „Oh! Susanna!“, „My Old Kentucky Home“ und Hunderte anderer. Sein Name war Stephen Foster.[18]

Immer wenn ich einen heruntergekommenen Obdachlosen auf der Straße sehe, muß ich an diese wahre Geschichte denken. Auch der schmutzigste, versoffenste Mensch, sei er Mann oder Frau, hat einmal anders gelebt. Er oder sie war einmal ein niedliches, kleines Baby voller Lebensfreude und Übermut, bevor das Schneidemesser der Zeit scharf einschnitt. Eine falsche Entscheidung, unglückliche Umstände an einem kritischen Zeitpunkt im Leben führten möglicherweise zur Tragödie dieses verwirkten Lebens.

Es fällt nicht leicht, hinter die Schale jenes ins Leere starrenden Landstreichers auf einer Parkbank zu schauen und darunter einen wertvollen Menschen zu entdecken. Vielleicht ist dieser Mensch sogar ein kreatives Genie am Ende einer langen bitteren Reise.

Die Entschuldigung

Haben Sie schon einmal den Mut aufgebracht, sich bei einem Kind zu entschuldigen? Es fällt einem nicht leicht. Meinem Vater fiel es besonders schwer. Ich kann mich an eine Begebenheit erinnern, als ich ihm im Alter von ungefähr fünfzehn Jahren hinten im Hof behilflich war. An jenem Tag war er aus irgendeinem Grund besonders grantig. Für alles, was ich tat, kritisierte er mich, obgleich ich mir die größte Mühe gab, es ihm recht zu machen. Schließlich ging es so weit, daß er mich wegen einer Kleinigkeit anbrüllte. Da hatte ich genug. Ich warf die Harke hin und ließ ihn stehen. Trotzig ging ich über unser Gründstück und lief, die Rufe meines Vaters mißachtend, die Straße hinunter. Es war eines der sehr seltenen Augenblicke, in denen ich ihn links liegen ließ.

Ich durchstreifte eine Weile lang die Stadt und fragte mich im stillen, was wohl passieren würde, wenn ich wieder zu Hause wäre. Schließlich landete ich bei meinem Cousin am anderen Ende der Stadt. Nach einigen Stunden gab ich zu, was ich getan hatte, und mein Onkel drängte mich zu Hause anzurufen. Mit zitternden Knien rief ich meinen Vater an.

„Bleib, wo du bist", sagte er. „Ich hole dich."

Um es gelinde auszudrücken: Ich hatte Angst. Es dauerte nicht lange, da stand mein Vater vor mir und bat, mich unter vier Augen zu sprechen.

„Bo", begann er, „ich habe dir heute nachmittag Unrecht getan. Ich habe grundlos an dir herumgemeckert, und es tut mir leid. Deine Mutter und ich möchten, daß du mit nach Hause kommst."

Dieses Geständnis fiel meinem Vater schwer, aber er gewann in mir einen Freund fürs Leben. Aus dieser Entschuldigung lernte ich etwas, das sich später für mich als Vater als sehr sehr nützlich erweisen sollte.

Rumspringa

Die schwierigste Aufgabe überhaupt in der Kindererziehung ist die, seine Kinder nach dem Heranwachsen loszulassen. Die zweifache Gefahr besteht natürlich darin, es entweder zu früh oder zu spät zu tun.

Ich möchte Ihnen erzählen, wie die Amish-People ihre Kinder in die Freiheit entlassen. Sie halten strenge Kontrolle über ihre Kinder, wenn sie noch jung sind. Von klein auf werden sie mit strenger Disziplin erzogen und ein hoher Maßstab an ihr Verhalten gelegt. Wenn die Kinder jedoch sechzehn Jahre alt werden, haben sie die Zeit des sogenannten „Rumspringa" erreicht. Plötzlich und unvermittelt werden alle Beschränkungen aufgehoben. Es ist ihnen erlaubt zu trinken, zu rauchen oder sich so benehmen, wie es den Eltern eigentlich nicht zusagt. Einige tun es auch, die meisten jedoch nicht. Sie erhalten sogar die Erlaubnis, die Gemeinschaft der Amish-People zu verlassen, wenn sie es denn wünschen. Bleiben sie jedoch, muß ihr Verhalten in Übereinstimmung mit der sozialen Ordnung stehen. Die meisten übernehmen das Erbe ihrer Familien, nicht weil sie müssen, sondern weil sie es so wünschen.

Obgleich ich die Amish und viele ihrer Ansätze in der Kindererziehung bewundere, glaube ich, daß das Rumspringa-Konzept bei Kindern einer offeneren Gesellschaftsform zu voreilig angewandt wird. Ich habe Familien kennengelernt, die ihre heranwachsenden Kinder zum „sofortigen Erwachsensein" anregten, was sie später aber bitter bereuen mußten.

Statt dessen empfehle ich Eltern, ihren Kindern bereits im Kleinkindalter kleinste Elemente der Unabhängigkeit zu gewähren. Jedes Jahr wird dem Kind dann mehr Verantwortung und Freiheit übertragen, so daß das endgültige Loslassen im frühen Erwachsenenalter nur noch ein kleiner Schritt und kein großer Sprung aus großer Höhe mehr ist.

Liebende Hände

Menschliche Hände. Sie üben Staunenswertes aus, angefangen von der Tätigkeit eines Pianisten bis hin zu den Aufgaben eines Gehirnspezialisten. Mit dem Daumen in unmittelbarer Nähe zu den Fingern, um das Greifen zu ermöglichen, und mit der gedrängten Ansammlung von Gefühlsnerven in den Kuppen, um die Griffigkeit und die Temperatur unserer Welt zu ertasten, sind die Hände ein Wunderwerk an Funktionsfähigkeit. Sie sind jedoch mehr als ein Präzisionsapparat. Sie haben einen hohen Stellenwert, der uns im eigentlichen Sinne erst später aufgeht.

Meine Mutter hatte weiche, weibliche Hände, und sie gebrauchte sie, als ich klein war, um mir über die Haare zu streichen und meinen Rücken zu reiben. Ihre Berührung vermittelte mir Liebe auf eine unvergleichliche Art und Weise. Ich weiß noch, wie ich sie kurz vor ihrem Tode in einem Pflegeheim besuchte und diese so vertrauten Hände noch einmal anschaute. Sie waren inzwischen runzlig und kraftlos geworden, doch in meinen Augen waren sie noch immer schön. Wie schwer hatte meine Mutter doch gearbeitet, um mir das Leben zu erleichtern.

Was ich an meinem Vater noch am allermeisten erinnere, ist die Größe seiner Hände. Sie umschlossen meine, und als ich auf der Straße an seiner Seite entlangtrottete, fühlte ich mich geborgen und war stolz. Er gebrauchte diese Hände, um mir zu zeigen, wie man mit einer Angel umgeht und wie man malt und zeichnet. Ich habe gesehen, wie er mehr als zehntausend Mal seine King James Bibel zur Hand nahm, um beim Lesen nachdenklich darin zu blättern. Später dann lagen diese Hände still über der Brust gefaltet.

Die sich aufdrängende Frage für uns Eltern lautet, wie wohl unsere Kinder unsere Hände in Erinnerung behalten werden. Sie vermitteln hoffentlich Wärme, Sicherheit und Schutz. Sie sollten Trost und Bestätigung bedeuten, niemals aber Mißhandlung und Mißachtung. Wenn Sie Ihre Aufgabe treu erfüllen, dann werden Ihre Hände, wie die meiner Eltern, in liebevoller Erinnerung bleiben.

Kein Versteck

Haben Sie sich einmal gefragt, wie es wäre, wenn Sie allem Druck und allen Streßsituationen unserer hochtechnisierten Welt entfliehen könnten? Es muß doch irgendwo auf der Welt einen Ort geben, wo alles langsamer zugeht und das Leben einem leicht fällt. Weshalb nicht einfach alles zusammenpacken und dorthin ziehen, samt Haus, Hof und Hund?

Diese Wunschvorstellung motivierte 1940 eine Familie, auf eine Insel mit Namen Guadalcanal im Korallenmeer zu ziehen. Doch zwei Jahre später brach dort im Pazifik der Krieg aus, und das Ehepaar mußte entsetzt zusehen, wie unmittelbar vor ihren Augen der Kampf tobte. Sie hatten sich wohl den falschen Ort ausgesucht.

Wohin kann man heute als Familie fliehen, um dem Lärm und der Geschäftigkeit des Großstadtlebens zu entkommen? Wie sieht es aus mit einer kleinen Insel in der Karibik südlich von Kuba, der sogenannten Grand Cayman-Insel? Urlauber dort sagen, hier sei man dem Paradies auf Erden am nächsten. Die sechstausend Einwohner zahlen keine Steuern.[19] Das Wasser ist ruhig und warm, überall wachsen Orchideen. Hört sich gut an, oder? Ein Haken ist aber dabei. Dort durchgeführte medizinische Studien zeigten, daß die Bürger der Grand Cayman vornehmlich unter zwei Krankheitssymptomen litten, nämlich unter „Bluthochdruck" und „Angstneurosen". Das Leben an tropischen Stränden ist wohl doch nicht so ohne.

Könnte es sein, daß der Streß und der Druck, der uns plagt, in unserem Innern entsteht? Sie werden uns quälen, egal, wo wir leben, und zwar so lange, bis wir lernen, den Umständen ins Auge zu sehen. Wir können genausogut dort bleiben und blühen, wohin wir gepflanzt wurden, denn es gibt einfach kein Versteck.

Kotflügel

Kinder können grausam sein, besonders dann, wenn die Erwachsenen ihnen nicht die Grundlagen für Rücksicht und Feinfühligkeit beigebracht haben. Das mußte ich erfahren, als ich gerade acht Jahre alt war.

Damals besuchte ich regelmäßig sonntags eine kirchliche Kinderstunde. Eines Morgens betrat ein neues Kind den Raum. Er stellte sich als Fred vor. Noch heute sehe ich sein Gesicht vor mir. Das heißt: Eigentlich sehe ich Freds Ohren vor mir. Sie waren C-förmig und standen deutlich ab. Irgendwie erinnerten sie mich an die Kotflügel bei einem Jeep. Ohne überhaupt über Freds Gefühle nachzudenken, machte ich meine Freunde auf diese Eigenheit aufmerksam, und alle meinten, der Name „Kotflügel" für einen Jungen mit abstehenden Ohren sei furchtbar witzig. Fred schien das zunächst auch zu finden, denn er kicherte mit.

Plötzlich jedoch hörte Fred auf zu lachen. Er sprang auf, wurde bis über beide Ohren rot und rannte weinend zur Tür. Er stürzte hinaus in den Flur und rannte aus dem Gebäude. Fred kam nie wieder. Ich weiß noch wie heute, daß ich über Freds heftige und unerwartete Reaktion entsetzt war. Ich hatte keine Ahnung gehabt, daß mein kleiner Scherz ihn so sehr verletzt hatte. Wenn ich jedoch an jene Begebenheit zurückdenke, bin ich der Ansicht, daß in erster Linie meine Lehrer und Eltern für die verheerende Wirkung verantwortlich waren. Sie hätten mir klarmachen sollen, wie jemandem zumute ist, der ausgelacht wird, besonders wenn Körperteile im Spiel sind, die anders aussehen als bei den anderen Kindern.

Man kann Kinder lehren, sensibel zu sein, wenn es um die Gefühle anderer geht. Dort, wo in dieser Hinsicht ein Erziehungsmangel herrscht, kann es dazu kommen, daß die Kinder im Umgang miteinander grausam sind. Irgendwo da draußen gibt es noch mehr „Kotflügel". Schützen Sie sie davor, ausgelacht zu werden!

Der Mops und der Scotchterrier

Als ich ungefähr zehn Jahre alt war, gab es in meiner Nachbarschaft zwei Familien mit Hunden, mit denen ich mich angefreundet hatte. Einer von ihnen war ein schwarzer Scotchterrier, der gerne nach Tennisbällen rannte, der andere ein bekanntermaßen bösartiger Mops.

Eines Tages spielte ich Ballwerfen mit dem Terrier, und da beschloß ich, den Ball in die Richtung des Ekels zu werfen. Damit machte ich einen verheerenden Fehler. Der Mops packte den kleinen Terrier am Hals und ließ ihn nicht mehr los. Die Nachbarn kamen gerannt, als der Terrier vor Schmerzen aufschrie. Es dauerte zehn Minuten, ehe mit Hilfe eines Gartenschlauchs der Mops seinen Biß löste und den inzwischen halbtoten Terrier freigab. Zwei Wochen lang mußte er in der Tierklinik bleiben, und zwei Wochen lebte ich in Ungnade. Bis heute tut mir der Wurf in die falsche Richtung leid.

Oft schon habe ich über dieses Erlebnis nachgedacht und es auf menschliche Beziehungen übertragen. Es ist in der Tat leicht, einen Streit herbeizuführen. Man braucht nur den Ball, symbolisch betrachtet, dem aggressiveren von zwei Menschen zuzuwerfen. Das kann man tun, indem man dem einen einige negative Kommentare des anderen zuspielt, oder indem man den einen in Gegenwart des anderen verärgert. Im Geschäftsleben läßt sich das leicht machen, indem man zwei Managern einander überlappende Arbeitsgebiete überantwortet.

Ein Außenstehender kann durch Zuwerfen eines Balles in die richtige (bzw. falsche) Richtung einen schrecklichen Kampf vom Zaum brechen. Neid und Feindseligkeit unter Rivalen tut dann das Übrige.

Frische Gräber

Vor kurzem erst wurde ich aufmerksam auf eine horrende und tragische Situation sowohl in Brasilien als auch in anderen lateinamerikanischen Ländern. Es betrifft die Not ungewollter Straßenkinder, die unmenschliches Leid durch Mißhandlungen erleben.

Es wird geschätzt, daß in Brasilien allein zwischen 6 und 10 Millionen Kinder ohne jegliche elterliche Aufsicht auf der Straße aufwachsen. Sie haben weder Familien noch irgendwelche Einkünfte, und so bilden sie gesetzlose Banden und betteln und stehlen tagsüber Nahrung, ehe sie dann wärmesuchend irgendwo zusammengekauert die Nacht verbringen. Prostitution, Verbrechen und Krankheit kennzeichnen ihr Leben. Einige von ihnen leben buchstäblich wie die Ratten in den Abwasserschächten. Ungefähr zwei Drittel der jungen Mädchen begehen entweder Selbstmord oder werden vor ihrem 18. Lebensjahr ermordet.[20]

Die Polizei betrachtet diese Kinder als Ungeziefer, das ausgerottet werden muß. Es ist kaum zu glauben, aber die Polizei erschießt sie, um die Stadt von ihnen zu befreien. Ein kürzlich vorgeführter Dokumentarfilm wies auf, daß auf den Straßen Rio de Janeiros täglich ungefähr drei Kinder gejagt und getötet werden. Vor einigen Jahren fand in jener Stadt die Weltgipfelkonferenz statt. Bevor die Würdenträger eintrafen, wurden große Zahlen heimatloser Kinder zusammengetrieben und umgebracht.[21] Die Fernsehstation CNN zeigte Bilder von endlosen Reihen frischer Gräber, in denen Kinder beerdigt waren.

Ich frage mich manchmal, ob die Welt heute in irgendeiner Weise zivilisierter ist als damals vor sechzig Jahren, als die Nazis ihre Opfer in die Gaskammern schickten. Es ist Zeit, daß wir uns gegen diese Brutalität wenden und humanitäre Organisationen unterstützen, die Hilfe bringen können.

Weniger kann man nicht tun.

Ihr Baby hört mit!

Passen Sie auf, was Sie in Gegenwart Ihres Babys sagen! So lautet der Rat eines Forschers von der Johns Hopkins Universität, der uns berichtet, daß Kinder im zarten Alter von nur acht Monaten bereits Worte, seien sie gut oder schlecht, aufnehmen und sich auch an sie erinnern können.

„Kleine Ohren hören zu", sagt Dr. Peter Juscyzk. Die Babys in dieser Studie, die in der renommierten Zeitschrift *Science* erschien, bekamen über eine Zeitspanne von ungefähr 10 Tagen drei auf Band gesprochene Geschichten zu hören. Zwei Wochen später wurden sie Labortests unterzogen. Es stellte sich heraus, daß sie die Worte der Geschichte wiedererkannten, während sie keinerlei Reaktion auf Wörter zeigten, die sie noch nicht gehört hatten. Robin Chapman, ein Sprachforscher der Universität Wisconsin, betonte die Bedeutung dieser Studie, zeigt sie doch, daß Kinder in sehr jungem Alter auf die Laute einer Sprache achten und diejenigen herausfiltern können, die ihnen vertraut sind.

„Diese Ergebnisse sind von großer Bedeutung, weil wir dadurch erfahren, daß Eltern die sprachliche Entwicklung ihres Kindes durch Vorlesen positiv beeinflussen können, selbst dann, wenn das Kind nichts zu verstehen scheint. Das Vorlesen setzt auch den Prozeß in Gang, der sie befähigt zu lernen, wie Wörter geformt und angewendet werden. Den Babys wird dazu verholfen, Sprachlaute voneinander zu unterscheiden", sagt Dr. Juscyzk.[22]

Als letztes zeigt diese Studie, laut Chapman, daß „das Erlernen der Sprache zu einem großen Anteil im ersten Lebensjahr geschieht. Daraus ergibt sich, daß Eltern mit ihren Kinder sprechen sollten und daß Kinder durch dieses Sprechen Sprache erlernen."[23]

Interessant zwar, aber mütterliche Intuition weiß das seit mehr als fünftausend Jahren!

Kinder in Gefahr

In den Jahren 1985 bis 1986 war ich im Rahmen der US-Generalstaatsanwaltschaft in einer Kommission zum Thema Pornographie tätig. Es stellte sich heraus, daß dieser Auftrag einer der allerschwersten meiner gesamten Laufbahn war. Achtzehn Monate lang hatte ich mit zehn weiteren Beauftragten die wenig beneidenswerte Aufgabe, die scheußlichsten aller jemals veröffentlichten Medienerzeugnisse zu begutachten. Viele Menschen sind der Ansicht, obszöne Bilder seien retouchierte Nacktaufnahmen, wie sie in den einschlägigen Männerzeitschriften zu finden sind. In Wirklichkeit sind damit plastische Darstellungen von Gewalt gegen Frauen verbunden, sowie Abbildungen von Bestialitäten, Kindestötungen und anderen Dingen, die ich in diesem Rahmen nicht aufzuzählen bereit bin. Unsere Kommission lieferte Empfehlungen für sechsundzwanzig Gesetzesänderungen. Alle wurden vom Kongreß erlassen und daraufhin vom Präsidenten persönlich unterzeichnet.[24]

Zu meinem Bedauern muß ich leider erwähnen, daß der Fortschritt, den wir im Kampf gegen die Pornographie erzielten, inzwischen null und nichtig ist. Heute gibt es wegen des Internets keine Grenzen mehr. Alles, was wir im Laufe unserer Untersuchungen prüften, kann heute von jedem zwölfjährigen Kind mit einem Computer mit dem entsprechenden Modem betrachtet werden. Das Kind kann im Internet surfen und hat Zugang zu Dingen, die offensichtlich illegal sind. Dieses Material kann mit Hilfe von hochwertigen Druckern in Umlauf gebracht werden und steht dem qualitativ nicht nach, was in entsprechenden Geschäften gekauft werden kann.

Schlimm ist, daß man diese Bilder nicht nur im Internet suchen und finden kann, sondern daß man ihnen gar nicht entkommen kann. Kinder werden mit attraktiven Titeln gelockt und geködert. Klickt man z. B. auf „toys“, stößt man auf Sexspielzeug; klickt man auf „love horses“, erblickt man Bilder von Bestialitäten; klickt man auf „little girls“, gerät man an Kinderpornographie oder gar an Kinderschänder.

Als Kinderpsychologe möchte ich betonen, daß solche

Obszönitäten für Kinder absolut destruktiv sind. Das kann zu einer lebenslangen Sucht führen. Besonders gefährdet sind Jungen im Pubertätsalter. Sie lernen, Sex mit Gewalt zu verbinden.

Trotz dieser Gefahren hat unser Oberster Gerichtshof in den Vereinigten Staaten entschieden, daß ein Gesetz zum Schutz unserer Kinder vor diesem Fluch dem Grundgesetz widerspricht![25] Welche Schande!

Ich möchte Sie als Eltern anflehen, auf das zu achten, was Ihre Kinder mit dem unschuldig dreinblickenden Computer machen. Wer einen PC oder einen Laptop in das Zimmer seiner Kinder stellt, gerät dabei in Gefahr, einen Fremden ins Haus zu holen, der Zugang bekommt zu dem, was Ihnen am Allerwertvollsten ist!

Myelinisierung

Haben Sie sich schon mal gefragt, weshalb ein Kind nicht in der Lage ist, sich nach einem Gegenstand auszustrecken oder die Bewegungen seiner Hände oder Füße nicht unter Kontrolle bekommt? Das kommt daher, daß das Nervensystem bei der Geburt unzureichend isoliert ist. Elektrische Impulse gehen auf ihrem Weg vom Gehirn zu den anderen Teilen des Körpers verloren. Beim Heranwachsen beginnt eine weißliche Substanz, genannt Myelin, die Nervenfasern zu überziehen. Das ermöglicht, die Muskeltätigkeit zu beherrschen.

Dieses Überzogenwerden der Nervenfasern setzt am Kopf an und verläuft nach unten, sowie vom Zentrum des Körpers aus nach außen. Deshalb kann ein Kind die Bewegungen seines Kopfes und Halses als erstes beherrschen, und auch die Schultern vor Ellenbogen, Handgelenken und Fingern.

Dieses Wissen um das Wirken von Myelin ist für Eltern von Jungen wichtig, die ja langsamer in ihrer Entwicklung sind. Weil die Sehkraft zu den letzten Mechanismen zählt, die insoliert werden, können einige unreife Jungen und Mädchen erst später als andere lesen, schreiben und buchstabieren. Das ist eine Erklärung dafür, weshalb Spätzünder oft anfänglich in der Schule Lernschwierigkeiten haben.

Bedauerlicherweise läßt unsere Kultur nur wenige Ausnahmen oder Abweichungen vom herkömmlichen Bildungsablauf zu. Die meisten Sechsjährigen werden eingeschult, ob sie dazu in der Lage sind oder nicht. Und einige sind es nicht! Unreife Kinder sollten in Hausschulen unterrichtet oder ein Jahr später eingeschult werden. Am wichtigsten ist jedoch, daß die Eltern ihrem Kind nicht zu viel Leistung abverlangen, wenn es in seiner Entwicklung verlangsamt ist. Vielleicht ist es ihm von seinem Entwicklungsstand her eine Zeitlang nicht möglich, so erfolgreich wie seine Altersgenossen zu sein. Zu hoch gesteckte Erwartungen können sogar schädliche Auswirkungen haben.

Warten Sie getrost, bis das Nervensystem seinen „Überzug" bekommen hat, ehe Sie es zu Leistungen anspornen!

Worte von weit her

Bis zum Abend des 20. Juli 1993 diente Vince Foster als stellvertretender Berater unter Bill Clinton, ehe er sich in einem Washingtoner Park angeblich das Leben nahm.[26] Bis zum heutigen Tag sind die Umstände seines Todes nicht geklärt.

Ganz gleich, wie Sie zu dieser Sache stehen, möchte ich Ihnen etwas erzählen, das für Sie sicherlich von Interesse ist. Ungefähr acht Wochen vor seinem Tod wurde Foster eingeladen, bei der Abschlußfeier von Studenten der Juristischen Fakultät der Universität Arkansas zu sprechen. Bei dieser Gelegenheit sagte er den Studenten folgendes:

> Lassen Sie mich etwas über die Familie sagen. Sie haben zur Genüge bewiesen, daß Sie leistungsorientiert sind, bereit, stundenlang zu arbeiten und Ihr persönliches Leben hintenan zu stellen. Bei dieser Feststellung entsinne ich mich an die Behauptung, daß noch nie jemand auf seinem Sterbebett gesagt hat: Wenn ich doch nur mehr Zeit in meinem Büro verbracht hätte ... Halten Sie vorsichtig die Balance zwischen Ihrem Berufs- und Ihrem Privatleben. Ist Ihnen das Glück beschieden, Kinder zu haben, dann werden Ihre Eltern Sie darauf aufmerksam machen, daß Ihre Kinder aufwachsen und das Haus verlassen werden, ehe Sie sich dessen bewußt sind. Ich kann das nur bestätigen. Gott gewährt uns nur eine gewisse Zeit, in der wir unseren Kindern Geschichten vorlesen können, mit ihnen angeln gehen, fangen spielen und gemeinsam beten können. Versuchen Sie, nicht eine dieser Gelegenheiten auszulassen.[27]

Vince Fosters Worte erreichen uns von weit her. Ich möchte sie folgendermaßen auf den Punkt bringen: Wenn Sie die Karriereleiter emporsteigen, dann vergessen Sie Ihre Familie nicht.

Der Hecht

Es gibt etwas Interessantes über den Hecht zu berichten, diesen großen Fisch mit dem riesengroßen Appetit auf Elritzen. Wenn man eine Glasscheibe so in einen Wassertank hineingleiten läßt, daß der Hecht auf der einen und die Elritzen auf der anderen Seite sind, dann geschieht etwas Überraschendes. Der Hecht kann das Glas nicht erkennen und stößt bei der Suche nach seinem Abendessen gegen das Hindernis. Immer wieder schwimmt er auf das Glas zu und stößt mit dem, was man bei einem Hecht schlecht oder recht Gesicht nennen könnte, dagegen.

Schließlich gibt der Hecht das Unterfangen auf. Der Fisch gelangt offensichtlich zu dem Schluß, daß die Elritzen nicht zu haben sind. Er stellt keinerlei Versuche mehr an, sie zu schnappen. Wenn man dann die Glasscheibe aus dem Aquarium entfernt, beginnen die Elritzen friedlich um ihren Feind herumzuschwimmen. Der Hecht belästigt sie nicht mehr. Er hat ja gelernt: Sie sind nicht zu haben. Der Hecht wird sogar Hungers sterben, obgleich um ihn herum ausreichend Nahrung vorhanden ist.[28]

Dieses Beispiel ist nicht nur im Hinblick auf Fische von Bedeutung, sondern in einer besonderen Weise auch auf Kinder. So wie der Hecht den Mut verlieren kann, wenn er immer und immer wieder versagt, können Kinder ähnlich reagieren. Peinliche Situationen oder Enttäuschungen im Klassenzimmer, wie zum Beispiel ihr Unvermögen beim Lesen und Schreiben kann ernsthafte Folgen für Kinder nach sich ziehen. Im zweiten oder dritten Schuljahr schreiben einige von ihnen die Schule ab. Ihnen ist kein Erfolg beschieden, ganz einfach.

Man sollte sich unbedingt bei kleinen Kindern, denen der Anfang nicht so recht gelingen will, Hilfe holen. Rechtzeitig eingeleitete erzieherische Unterstützung für diese Kinder kann eventuell verhindern, daß sie sich die „Elritzen“ entgehen lassen.

Verknüpft

Bitte atmen Sie einmal tief ein und halten Sie den Atem einen Augenblick lang an. Dann atmen Sie aus. Es mag Sie vielleicht interessieren, daß dieser einzige Atemzug mindestens drei Stickstoffatome enthält, die von jedem Menschen eingeatmet wurden, der jemals gelebt hat, einschließlich Leonardo da Vinci, Winston Churchill und Abraham Lincoln. Einige von den Dinosauriern der damaligen Zeit haben auch etliche der Stickstoffatome eingeatmet, die Ihr Körper eben aufgenommen hat. Die Luft, die Sie soeben ausgeatmet haben, wird in den nächsten zwölf Monaten um die Erde kreisen und sich in dem einem oder anderen individuellen Atom befinden.

Diese wissenschaftliche Tatsache zeigt in dramatischer Weise, wie sehr wir Menschen miteinander verknüpft sind. So wie wir unsere chemische Zusammensetzung mit anderen Mitgliedern der menschlichen Familie teilen, so besteht im sozialen Bereich eine starke Abhängigkeit voneinander. Wir werden positiv oder negativ von den Handlungen der Menschen um uns herum beeinflußt. In den ichbezogenen Tagen der sogenannten „Ego-Generation" hörte man üblicherweise Menschen sagen: „Solange ich niemandem wehtue, geht es keinen etwas an, was ich tue." Bedauerlicherweise hat alles, was wir tun, Auswirkungen auf die anderen Menschen. So etwas wie eine völlig unabhängige Handlung gibt es einfach nicht.

Der Dichter John Donne schrieb einmal: „Kein Mensch ist eine Insel, vollständig in sich selbst. Jeder Mensch ist ein Teil eines Kontinents, ein Stück vom Festland." [29] Wie wahr sind seine Worte!

Der Lutscher

Eine Mutter mit Namen Elaine berichtete mir einmal eine traurige Geschichte von ihrer dreijährigen Tochter Beth, die von allen Kinder in der Nachbarschaft die Jüngste war. Sie lief den größeren Kindern hinterher, wußte aber, daß die anderen sie eigentlich gar nicht dabei haben wollten.

Eines Tages blickte die Mutter aus dem Küchenfenster und sah, wie Beth an einem Zaun stand und den anderen Kindern beim Kicken zuschaute. Sie ließen sie natürlich nicht mitspielen, und das bereitete ihr Kummer. Plötzlich kam das kleine Mädchen ins Haus gerannt und rief: „Mama, Lutscher! Ich brauch' Lutscher!"

Elaine ging zum Schrank und holte einen Lutscher für das Kind heraus.

„Nein, nein, Mama", sagte Beth. „Ich brauch' ganz viele Lutscher."

Die Mutter wußte, daß etwas Wichtiges im Gange war und gab dem Kind eine Menge Lutscher. Beth rannte zurück an den Zaun und hielt den anderen Kindern schweigend die Lutscher entgegen. Sie wollte ihre Zuneigung erkaufen, doch sie wurde zunächst ignoriert. Schließlich sah eines der Kinder Beth und rief den anderen etwas zu. Daraufhin rannten alle zu Beth hin und rissen ihr alle Lutscher aus der Hand. Dann liefen sie zurück und spielten weiter, ohne sich überhaupt dafür zu bedanken. Elaine stand am Fenster und hatte einen Kloß im Hals. Die Lutscher waren fort und natürlich auch die Kinder, die Beth so gern als Freunde gehabt hätte.

Wie viele Teenager geben heute aus Unsicherheit alles her, sogar ihre Körper, um von ihren Kameraden Anerkennung zu bekommen! Dann werden sie am Zaun stehengelassen, allein und abgelehnt, ohne Lutscher. Diese Erfahrung zählt für Jugendliche *und* ihre Eltern zu den schmerzlichsten im Leben überhaupt. Es gibt Zeiten, in denen Mütter und Väter nichts tun können, um ihren Kindern zu helfen. Es bleibt ihnen nur, am Fenster zu stehen und zu beten, daß Gott ihre Kinder hindurchtragen möge.

Vererbt oder anerzogen?

Verhaltensforscher haben jahrzehntelang geglaubt, daß Neugeborene völlig frei von Persönlichkeitsmerkmalen auf die Welt kommen. Die Umwelt sei dann im Laufe der Entwicklungsjahre verantwortlich für die charakteristischen Merkmale eines Kindes. Es gab Zeiten, da vertraten die bekanntesten Psychologen der Welt diese Theorie. Bedauerlicherweise irrten sie.

Heute wissen wir, daß die Vererbung bei der Entwicklung der menschlichen Veranlagung eine größere Rolle spielt. Zu diesem Schluß ist man nach jahrelangen äußerst sorgfältigen Forschungen an der Universität Minnesota gekommen. Die Forscher arbeiteten mit mehr als einhundert eineiigen Zwillingen, die von Geburt an voneinander getrennt aufwuchsen. Sie waren aus vielerlei Gründen in den unterschiedlichsten Kulturen, Religionen und Orten groß geworden. Aufgrund des identischen genetischen Aufbaus dieser Zwillinge konnten die Forscher durch das Vergleichen von Ähnlichkeiten und Unterschieden die Einfluß der Vererbung untersuchen. Anhand dieser und weiterer Studien wurde ersichtlich, daß viel, vielleicht sogar bis zu 70 Prozent der Persönlichkeit vererbt wird. Unsere Gene beeinflussen Fähigkeiten wie Kreativität, Weisheit, Freundlichkeit, Kraft, Langlebigkeit, Intelligenz und sogar Lebensfreude.[30]

Da sind z. B. die als „Jim Brüder“ bekannten Zwillinge, die bis zu ihrem neununddreißigsten Lebensjahr getrennt voneinander aufwuchsen. Die Ähnlichkeiten der beiden waren erstaunlich. Beide hatten Frauen mit dem Namen Linda geheiratet. Beide hatten ihre Hunde Toy genannt. Beide litten unter Migräneanfällen. Beide waren Kettenraucher. Beide tranken gern Bier. Beide fuhren Chevrolet, beide waren als Hilfssheriffs tätig. In ihrer Persönlichkeit und Einstellung waren sie buchstäblich Kopien voneinander.[31] Dieses Muster wird von Wissenschaftlern immer und immer wieder beobachtet.

Was kann daraus abgeleitet werden? Sind wir bloß Marionetten, die ohne freien Willen oder persönliche Alternative einen vorgesteckten Lauf nachvollziehen? Keineswegs. Im Gegensatz zu Vögeln und Säugetieren, die ihrem Instinkt folgen, sind Menschen in der Lage, rational zu denken und unabhängig zu handeln. Wir leben, zum Beispiel, trotz unserer genetischen Struktur, nicht jedes sexuelle Drängen triebhaft aus. Klar ist jedoch, daß die Vererbung einen Anstoß in eine bestimmte Richtung mitgibt – deutliche Impulse oder Neigungen, die sich jedoch rational steuern und kontrollieren lassen.

Diese Forschungsergebnisse sind offensichtlich von großer Tragweite für unser Verständnis vom menschlichen Verhalten. Dadurch ändert sich alles, besonders unser Verständnis von Kindern.

Mama in der Schule

Ich möchte Ihnen von meiner Mutter erzählen, die während meiner rebellischen Teenagerjahre Meisterin in Schützengefechten war. Ich konnte kaum etwas vor ihr verborgen halten, und sie wußte instinktiv, wann ich in der Schule Gefahr lief.

Eines Tages wurde ich vorgeknöpft. Mit fester Stimme sagte sie: „Ich weiß, daß du in letzter Zeit in der Schule Dummheiten machst und es deine Lehrer schwer haben mit dir. Gut, ich habe darüber nachgedacht, und ich habe beschlossen, nichts dagegen zu unternehmen. Ich werde dich nicht bestrafen. Ich werde dir nicht weniger erlauben. Ich werde mich auch nicht mehr über deine Dummheiten auslassen."

Ich lächelte, aber nur bis sie hinzufügte: „Aber eines sollst du wissen. Wenn der Schulleiter oder einer der Lehrer mich jemals zu sich bittet, dann verspreche ich dir, daß ich gleich am nächsten Tag mit dir in die Schule gehe. Ich werde den ganzen Tag einen Schritt hinter dir herlaufen. Ich werde vor deinen Freunden deine Hand halten. Wenn du dich in deinem Klassenzimmer hinsetzt, werde ich mich neben dich setzen. Einen ganzen Tag lang wirst du mich nicht los werden können."

Diese Drohung erschreckte mich zutiefst. Wenn meine Mutter den ganzen Tag lang in der Schule neben mir herlief, wäre ich für immer bei meinen Freunden untendurch. Welche Strafe könnte schlimmer sein? Eher hätte ich mich schlagen lassen, als daß ich in der Schule in ihrer Nähe gesehen worden wäre! Und so kam es, daß sich meine Lehrer am Ende meines ersten Schuljahres auf der High School über meine enorm verbesserten Leistungen wunderten.

Wenn Sie diese Idee einmal bei Ihrem Teenager ausprobieren wollen, tun Sie es ruhig – aber sagen Sie nicht, daß sie von meiner Mutter stammt.

Prinzessin Diana

Diana, Prinzessin von Wales, war vielleicht eine der bezauberndsten und schönsten Frauen der Welt. Paparazzis auf Jagd nach Fotos von ihr verfolgten sie bis hin zum letzten Augenblick ihres Lebens. In den letzten Jahren ihres Lebens war Diana mehr als andere Berühmtheiten in der Lage, viel Unterstützung für wohltätige Zwecke zu bekommen.

Bei diesem enormen Einfluß, bei ihrem Zauber und ihrer Schönheit ist es verwunderlich, daß die Prinzessin keinen Gefallen an dem fand, was sie im Spiegel erblickte. In ihren eigenen Augen machte sie eine schlechte Figur, was zu der als Bulemie bekannten Eßstörung führte. Wie kann eine Frau von solch erstaunlichen Charme Opfer eines derartigen Selbsthasses und solcher Depression werden?

Vielleicht ist Dianas schlechtes Bild von sich selbst doch nicht so schwer zu verstehen. Unser von Hollywood und der Entertainmentbranche so propagiertes Wertesystem ist so angelegt, daß sich sehr wenige Frauen im Hinblick auf ihr körperliches Erscheinungsbild wohl fühlen. Selbst die Bewerberinnen eines Schönheitswettbewerbs werden, wenn sie ehrlich sind, zugeben, daß sie sich ihrer körperlichen Makel bewußt sind. Wenn die Menschen, die mit großer Schönheit gesegnet sind, mit Selbsthaß zu tun haben, dann stelle man sich einmal vor, wie sich unreife, linkische Teenager in ihrem unvollkommenen Körper fühlen.

Der Schönheitskult weckt in abermillionen Menschen starke Minderwertigkeitsgefühle und -komplexe. Diana, Prinzessin von Wales, verfiel diesem Wahn.

Wer trägt die Schuld?

Ich möchte heute etwas zu den öffentlichen Schulen sagen und insbesondere über die Lehrer und Lehrerinnen, die unsere Kinder unterrichten.

Lassen Sie mich zunächst zugeben, daß ich die Sorge vieler teile, wenn es an den Schulen um mangelnde Leistungen, zunehmende Gewalt und die hohe Zahl von Analphabeten geht. Auf der anderen Seite ist es nicht fair, die Lehrer für alles, was schiefgelaufen ist, schuldig zu sprechen. Die Lehrer, die an unseren Kindern arbeiten, zählen in unserer Gesellschaft zu den Menschen, die am wenigsten geschätzt und am meisten schief angesehen werden. Das ist nicht in Ordnung.

Wir hätten auch dann noch ernsthafte Probleme an unseren Schulen, wenn die Fachkräfte alles richtig machen würden. Weshalb? Weil das, was in den Klassenzimmern geschieht, nicht von den Problemen getrennt werden kann, die sich in unserer Gesellschaft im allgemeinen zutragen. Unsere Erzieher sind nicht verantwortlich für das Allgemeinbefinden unserer Kinder, wenn sie morgens in die Schule kommen. Nicht die Lehrer haben schuld, wenn Familien auseinanderbrechen und zahlreiche Schüler mißhandelt, vernachlässigt und unterernährt sind. Nicht sie sind es, die die Kinder davon abhalten können, sinnloses Zeug im Fernsehen oder bis Mitternacht Gewaltvideos anzusehen oder Drogen und Alkohol zu konsumieren. Die Sache ist die: Wenn unsere Kultur zu bröckeln beginnt, dann ist es auch um unsere Schulen schlecht bestellt.

Selbst wenn ich nicht übereinstimme mit einigen Trends in der heutigen Schulerziehung, so hege ich starke Sympathien für alle aufopfernden Lehrer und Schulkräfte, die ihr Bestes für unsere jungen Menschen tun. Sie sind oft mutlos und brauchen unsere Unterstützung.

Das letzte Blatt am Baum

Lassen Sie mich ein klassisches Gedicht über das Altwerden weitergeben, das zu meinen Lieblingsgedichten zählt. Es trägt den Titel „Das letzte Blatt am Baum" und wurde von Oliver Wendell Holmes gedichtet.

> *Ich sah ihn schon einmal, als er wieder und wieder an meiner Tür vorbeiging. Nun hallen seine Schritte auf dem Gehweg, den er mit seinem Stock entlangtrottet.*
>
> *Man erzählt sich, daß es keinen besseren Mann im ganzen Ort gab, bevor das Winzermesser der Zeit an ihm herumschnibbelte.*
>
> *Nun läuft er traurig und ermattet die Straßen entlang, schaut allen ins Gesicht, schüttelt den Kopf und murmelt: „Alle fort."*
>
> *Meine Großmutter – Gott hab' sie selig –, sagte er, habe eine markante Nase gehabt, und seine Backen seien die Farbe einer Rose im Schnee gewesen.*
>
> *Nun krümmt sich die spitz gewordene Nase weit über die Lippen hinunter. Gebeugt ist sein Gang, brüchig sein seltenes Lachen.*
>
> *Ich weiß, es ist nicht gut, wenn ich dasitze und über ihn lächle, doch der alte Dreispitz auf seinem Kopf und die Knickerbockerhosen lassen mich schmunzeln.*
>
> *Und sollte ich einmal als letztes Winterblatt im Frühling übrig sein, dann lächle man getrost, wie ich es heute tu', über diesen alten Zweig.*

Gibt es irgendwo solch ein letztes Blatt an einem Baum, der heute ein bißchen Ermutigung braucht? Rufen Sie an, gehen Sie einfach einmal bei ihm vorbei.

Vollzeitmütter

Darf ich Sie einmal fragen, ob Sie es für richtig halten, wenn eine Frau, besonders eine Studentin, sich als ausschließliches Berufsziel setzt, Ehefrau und Mutter zu werden? Vergeudet sie dann nicht ihre Talente? Sehr häufig wird die Wahl, Hausfrau und Mutter zu werden, auf unseren höheren Schulen als Verrat betrachtet.

Ich erinnere mich an eine Studentin, die mich in dieser Sache einmal um Rat fragte. Wir unterhielten uns über verschiedene Berufsmodelle und die Möglichkeit für sie, ein berufsorientiertes Studium anzuhängen. Dann hielt sie einen Augenblick lang inne, beugte sich vor und sagte im Flüsterton: „Darf ich einmal ganz ehrlich sein?"

„Natürlich, Julie", lautete meine Antwort. „Wir sind ja unter uns. Sie können alles sagen, was Sie wollen."

„Nun", fuhr sie in gedämpftem Ton fort, „ich will gar keinen Beruf ausüben. Ich möchte viel lieber Hausfrau und Mutter sein."

Ich fragte sie: „Weshalb sagen Sie das so, als sei es eine Art Geheimnis? Es ist doch Ihr Leben! Was ist daran so falsch, wenn Sie das tun, was Sie gern möchten?"

„Wollen Sie mich auf den Arm nehmen? Wenn die Lehrer und die anderen in meinem Kurs davon erfahren, bekomme ich was zu hören!"

Wie bedauerlich, daß diese junge Frau fast entschuldigend mit ihrem Wunsch herausrücken mußte, sich lieber der Kindererziehung zu widmen. Diese Lebensform, jahrhundertelang geachtet und geehrt, ist heute in Mißkredit geraten.

Natürlich zieht nicht jede Frau es vor, Vollzeithausfrau zu sein. Einige interessieren sich mehr für eine Karriere, und dagegen ist nichts einzuwenden. Andere haben nicht vor zu heiraten. Auch das ist in Ordnung. Doch diejenigen, die lieber Hausfrau und Mutter werden wollen, sollten sich, selbst vor ihren Kommilitonen, nicht schämen müssen, es zuzugeben.

Ach ja, was wurde aus Julie? Sie hat heute drei wunderschöne Kinder im Teenagealter und ist immer noch von ihrem Beruf begeistert. Und weshalb auch nicht!

Die Schlacht an der Somme

Von der Welt vergessen, ist der 1. Juli dennoch der Jahrestag einer der größten militärischen Katastrophen in der Menschheitsgeschichte. Es handelt sich um die Schlacht an der Somme und fand im Ersten Weltkrieg in Frankreich statt.

An jenem Tag schickte der Kommandeur der Alliierten, General Douglas Haig, törichterweise mehr als 100 000 Mann nach Sonnenaufgang ins Niemandsland. Die deutschen Truppen wußten um die bevorstehende Attacke und durchzogen das Schlachtfeld mit ihren Maschinengewehrsalven, wobei sie systematisch die schwerbewaffneten Truppen niedermähten. Das war der blutigste Tag in der britischen Geschichte. Es starben fast 20 000 Soldaten, 35 000 wurden verletzt. Die französischen und deutschen Truppen erlitten ähnliche Verluste.[33]

Die Tragödie an der Somme bestand in der reinen Vergeudung von menschlichem Leben. Die Schlacht wurde 140 Tage lang fortgesetzt und verwickelte fast 3 Millionen Menschen. Die Anzahl der Verletzten und Toten betrug insgesamt mehr als ein Drittel davon. Wofür das alles? Den Alliierten gelang es in keinem Punkt, die Deutschen mehr als 12 Kilometer weit zurückzudrängen, und selbst dieser Boden mußte 1918 als verloren abgebucht werden.[34]

Ja, ja, ich weiß, daß sich dieses alles vor langer Zeit zutrug. Was geht es uns heute an? Doch irgendwie scheint es mir passend, einen Augenblick lang innezuhalten und der Opfer und ihrer vier Millionen Familienangehörigen zu gedenken, deren Männer, Söhne, Väter nie mehr zurückkehrten. Es begann alles im Morgengrauen des 1. Juli 1916.

Das kleine Mädchen am Flughafen

Beim Beobachten von Menschen läßt sich viel lernen, und genau das tue ich mit Vorliebe. Und genau damit war ich vor etlichen Jahren beschäftigt, als ich im International Airport von Los Angeles auf meinen Flug wartete. In meiner Nähe stand ein älterer Mann und wartete auf einen Passagier, der mit dem gerade gelandeten Flugzeug hätte ankommen sollen. Neben ihm stand ein kleines Mädchen von ungefähr sieben Jahren. Auch sie hielt nach einem bestimmten Gesicht in der Menge Ausschau. Sie klammerte sich an den Arm des Mannes, der wohl ihr Großvater war. Beide schienen ungewöhnlich nervös zu sein.

Als die letzten Passagiere fort waren, begann das Mädchen zu weinen. Sie war in diesem Augenblick nicht bloß enttäuscht, sondern ganz und gar aufgelöst. Auch der Großvater schien mit den Tränen zu kämpfen. Aus irgendeinem Grund gelang es ihm nicht, das Mädchen zu trösten. Es verbarg das Gesicht im Ärmel seines Mantels. Ich fragte mich, durch welche Qualen sie wohl gerade gingen. War es vielleicht die Mutter des Kindes, die nicht aufgetaucht war? Oder hatte der Vater des kleinen Mädchens versprochen zu kommen und dann seine Meinung geändert?

Der ältere Mann und das Kind warteten ein weiteres Flugzeug ab und gaben dann auf. Man konnte das leise Schluchzen des Mädchens vernehmen, während sie durch den Terminal hindurch Richtung Ausgang gingen. Ich beobachtete sie bis zum Schluß und sah, wie sie noch immer krampfhaft den Ärmel des Großvaters festhielt.

Wo ist dieses Kind heute? Es muß inzwischen Ende Zwanzig sein. Gott allein weiß. Irgendwo da draußen ist eine junge Frau mit einer sehr bitteren Erinnerung, einer, deren Zeuge ich zufällig war.

Mutters Fußballmannschaft

Ende der sechziger Jahre machte die Aussage „Wenn's dir Spaß macht, dann tu es doch" die Runde in unserer Gesellschaft. Damit war gemeint, daß die flüchtigen Impulse eines Menschen jegliches Abwägen ausschalten sollten. „Nicht nachdenken, nach Gefühl handeln" lautete die vorherrschende Devise. Dieser törichte Ratschlag hat viele leichtgläubigen Menschen in den Ruin getrieben. Wer lauernde Gefahren ignoriert, läßt sich in den Stürmen des Lebens vom Weg abbringen. Wir müssen bereit sein, manchmal flüchtige Gefühle zu mißachten und unser Verhalten auf gesundem Menschenverstand zu gründen.

Gefühle können nicht nur gefährlich sein – sie können auch unzuverlässig und töricht sein. Ich muß dabei an eine Geschichte denken, die mir meine Mutter von ihrer Zeit in einer höheren Schulklasse erzählte. Ihre Klasse hatte eine der schlechtesten Football-Teams in der Geschichte von Oklahoma. Seit Jahren hatten sie kein Spiel mehr gewonnen. Schließlich bat ein wohlhabender Ölfabrikant darum, in der Umkleidekabine mit dem Team sprechen zu dürfen. Er bot jedem Jungen und jedem Trainer einen nagelneuen Ford an, wenn es ihnen gelänge, beim nächsten Spiel ihre erbitterten Gegner zu schlagen. Das Team war wie im Rausch. Sieben Tage lang wurde an nichts anderes mehr gedacht als an Football. Nachts konnte keiner mehr schlafen. Endlich war es soweit, und das Team fieberte vor Aufregung. Man kam am Spielfeldrand zusammen, legte die Hände übereinander und stieß den Schlachtruf aus. Dann liefen alle aufs Feld – und verloren haushoch ohne auch nur einen einzigen Punkt zu machen. Der Mangel an Disziplin, Training, Spielpraxis, Beratung, Aufwärmübungen, Erfahrung und Charakter konnte durch die Aufregung nicht wettgemacht werden. So geht es mit den Gefühlen. Sie haben einen bestimmten Platz im menschlichen Geschehen, sind aber keineswegs ein Ersatz für Intelligenz, Vorbereitung und Selbstbeherrschung.

Anstatt auf Impulse einzugehen, ist es deshalb oft besser, dran zu bleiben, wenn man lieber aufgeben möchte, die Zunge im Zaum zu halten, wenn man lieber reden möchte, sein Geld zusammenzuhalten, wenn man den Drang hat es auszugeben, und treu zu bleiben, wenn man flirten möchte. Ungezügelte Gefühle bringen einen fast immer in Schwierigkeiten.

Wenn Sie also eine Sache im Auge habe, bei der Sie ein gutes Gefühl haben, dann kann es nicht schaden, noch einmal darüber nachzudenken. Vielleicht entpuppt sich diese Sache als große Fehlanzeige.

Gefühle können täuschen

Einer meiner Freunde hat für seinen Einsatz in Vietnam einmal die Tapferkeitsmedaille in Bronze erhalten. In der ersten Nacht, in der sich seine Einheit auf dem Schlachtfeld befand, packte alle Soldaten eine große Furcht. Sie gruben sich Erdlöcher und beobachteten ängstlich, wie die Sonne hinter dem Horizont verschwand. Gegen Mitternacht griff der Feind mit Macht an. Sofort feuerten die Soldaten wild drauflos und warfen Handgranaten hinaus in die Dunkelheit. Der Kampf tobte die ganze Nacht hindurch, und die Truppen schienen zu gewinnen. Endlich ging die Sonne auf und man machte sich daran, die Toten zu zählen. Doch nicht ein einziger toter Vietkong war am Fuße des Berges zu finden. Ja, es war überhaupt kein einziger Feind dagewesen. Die überreizten Nerven der Soldaten hatten sie an einen Angriff glauben lassen.

Die Reaktion dieser Soldaten war typisch für Menschen jeglichen Alters, wenn Angst vorherrscht. Die Sinne gaukeln einem Dinge vor, die ihre Angst rechtfertigen. Ein Mensch, der sich vor Krebs fürchtet, kann sogar oft alle typischen Symptome aufweisen, obgleich kein derartiges Krankheitsbild besteht. Ein Kind, das nachts aufwacht, „hört" manchmal Geräusche im Haus. So funktionieren nun einmal unsere Gefühle. Ehe Sie also in Panik geraten, beruhigen Sie sich erst einmal ein wenig. Die Gefahr ist vielleicht, oder sogar wahrscheinlich, nur eingebildet …

Unverbesserliche Lügner

Wir haben menschliche Gefühle unter die Lupe genommen und gesehen, wie sie die Wirklichkeit entstellen können. Es folgt nun ein weiteres Beispiel dafür.

Die Stadt Los Angeles war von Furcht gelähmt, als im Jahre 1969 Charles Manson und seine „Familie" viele Menschen kaltblütig ermordeten. Die Bewohner der Stadt fragten sich, wer wohl das nächste Opfer sein würde. Meine Mutter war völlig überzeugt davon, daß sie als erste in Frage kam. Und so kam es auch, daß Mutter und Vater nachts in ihrem Bett den Eindringling wahrnahmen.

Rumps, ertönte es aus der Küche.

„Hast du das gehört?" fragte meine Mutter.

„Ja, sei still", sagte mein Vater.

Sie lagen da, starrten in die Dunkelheit, atmeten leise ein und aus und warteten auf weitere Anzeichen. Ein zweites *Rumps* riß sie aus ihren Betten. Vorsichtig tasteten sie sich zur geschlossenen Schlafzimmertür vor. Meine Mutter stellte ihren Fuß gegen die Tür und lehnte sich mit ihrem ganzen Körpergewicht dagegen. Seinem Temperament entsprechend wollte mein Vater den Eindringling sofort stellen. Er faßte im Dunkeln nach dem Türgriff und wollte die Tür öffnen, die sich jedoch wegen des Widerstands meiner Mutter nicht öffnen ließ. Mein Vater meinte, jemand halte die Tür von der anderen Seite fest, während meine Mutter den Eindruck hatte, der Killer versuche sie mit Gewalt zu öffnen.

So standen meine Eltern in der Dunkelheit, kämpften gegeneinander und meinten, sie befänden sich im Zweikampf mit dem Killer. Schließlich ließ meine Mutter los, rannte ans Fenster und schrie um Hilfe. Dadurch konnte mein Vater die Tür öffnen, woraufhin er feststellte, daß sich niemand dahinter befand. Die Ursache für die Poltergeräusche wurde nie festgestellt, und Charles Manson hat seinen erwarteten Besuch nie abgehalten.

Diese Geschichte zeigt deutlich, wie sich ängstliche Personen von menschlichen Gefühlen in die Irre führen lassen können. Gefühle sind unverbesserliche Lügner, die oft nur unsere schlimmsten Befürchtungen bestätigen. Deshalb habe ich einmal ein Buch geschrieben mit dem Titel: *Gefühle – kann man ihnen trauen?* Nach zweihundert Seiten kam ich zu dem Schluß: Nein!

Von Bienen und Fliegen

Vor kurzem hörte ich von einem Experiment, bei dem zwölf Bienen in einem abgedunkelten Zimmer in einem Glasgefäß gehalten wurden. Dann wurde ein Lichtstrahl gegen den Boden des Glases gerichtet und der Deckel entfernt. Instinktiv flogen die Bienen nach unten auf das Licht zu, wo es ihnen natürlich nicht gelang zu entkommen. Die Bienen starben bei dem Versuch, sich ihren Weg durch den Boden des Behälters hindurchzubahnen.

Als nächstes nahmen die Forscher zwölf gewöhnliche Hausfliegen und wiederholten mit ihnen das Experiment. Innerhalb weniger Sekunden hatten die Fliegen aus dem Glas herausgefunden. Bienen sind bekanntermaßen intelligenter als Fliegen. Auch ihre Überlebensinstinkte sind für gewöhnlich besser ausgebildet. Doch eben diese Instinkte führten sie ins Verderben.[35]

Wie oft stehen bei uns eigene Ideen und Vorurteile dem gesunden Menschenverstand im Wege? Mein Vater z. B. verabscheute Autos mit Automatik, weil er noch mit Gangschaltung fahren gelernt hatte. Ich selbst vertraue auch mehr alten Gewohnheiten. Bis 1992 schrieb ich noch meine Bücher mit Bleistift auf gelbes Papier. Das tat ich selbst dann noch, als es schon PC's gab. Erst gegen Ende des zwanzigsten Jahrhunderts war ich bereit, mich dieser Neuerung zu öffnen.

Unbeugsamkeit und die Macht der Gewohnheit können uns Dinge tun lassen, die unsinnig sind. An welchen unlogischen Dingen halten Sie bis heute fest? Es lohnt sich, einmal über diese Frage nachzudenken.

Die Legende vom Taj Mahal

Der Taj Mahal zählt zu den schönsten und kostbarsten Grabmälern, die je erbaut wurden. Als die Lieblingsfrau des indischen Herrschers Shah Jahan starb, ordnete er als Andenken an sie den Bau einer großartigen Grabstätte an. Der Herrscher stellte die Urne seiner Frau in die Mitte eines Grundstücks auf und ließ buchstäblich um sie herum den Tempel erbauen. Etliche Jahre vergingen, und die Trauer um den Tod seiner Frau wich einer Leidenschaft für das eigentliche Tempelprojekt. Als er eines Tages den Bau besichtigte, soll er über eine hölzerne Schatulle gestolpert sein, woraufhin er den Handwerkern befahl sie fortzuwerfen. Monate vergingen, ehe ihm klar wurde, daß es sich dabei um die Urne seiner Frau gehandelt hatte. Bei den vielen baulichen Maßnahmen war der ursprüngliche Zweck des Andenkens verlorengegangen.[36]

Sie mag wahr sein oder nicht, diese Legende, doch der Grundgedanke findet sich in vielen Menschen wieder. Viele von uns fangen mit dem Bau von Luftschlössern an und verlieren unterwegs die rechte Perspektive. Zu spät erkennen wir, wie wichtig uns statt dessen unsere Angehörigen und unsere Kinder sein sollten!

Ein weiteres klassisches Beispiel für verschobene Werte ereignete sich im Leben von J. Paul Getty, einem der reichsten Männer Amerikas. Er schrieb: „Mir ist es nie gegeben gewesen, Neid oder Eifersucht zu empfinden, es sei denn jenen Menschen gegenüber, die die Fähigkeit besitzen, eine Ehe nicht nur aufrechtzuerhalten, sondern sie auch dauerhaft glücklich zu gestalten. Das ist eine Kunst, derer ich nie Herr wurde.“[37]

Während wir uns Taj Mahals errichten, sollten wir nicht vergessen, für wen wir es ursprünglich taten.[38]

Patchworkfamilien

Ich möchte den einen oder anderen Rat weitergeben an Menschen, die nach einer Scheidung oder dem Tod ihres Ehegatten wiederheiraten wollen. Wenn Kinder mit einbezogen sind, spricht man von „Patchworkfamilien“, und gerade sie stehen oft vor aufregenden und aufreibenden Problemen.

Ich sagen Ihnen, daß Patchworkfamilien – bestehend aus Mutter, Vater und insgesamt sechs Kindern – nur in Märchen ohne jegliche Konflikte oder Rivalitäten vorkommen. Es geht im Leben nicht so einfach, wenngleich viele Patchworkfamilien doch nach einiger Zeit mit den Umständen zurechtkommen. Anfänglich zumindest ist es bei Patchworkfamilien üblich, daß wenigstens eines der Kinder das Stiefelternteil als Eindringlich betrachtet. Das Andenken an die nicht mehr anwesende Mutter oder an den abwesenden Vater wird oft über die Maßen in Ehren gehalten. Den Neuling mit offenen Armen willkommen zu heißen, würde für das Kind bedeuten, zum Verräter zu werden. Dadurch befindet sich das Stiefelternteil in einer schwierigen Zwangslage.

Es kommt auch häufig vor, daß ein Kind die Stelle des nicht mehr anwesenden Elternteils übernimmt. Damit wird es zum Ersatzpartner, womit nicht sexuelle Dinge gemeint sind, sondern vielmehr, daß das Verhältnis des Jungen bzw. des Mädchens zum noch vorhandenen Elternteil mehr dem eines Gleichaltrigen entspricht. Der mit dieser Unterstützerrolle verbundene Machtstatus ist sehr verführerisch, und ein junger Mensch wird sie nur ungern aufgeben wollen.

Damit habe ich lediglich zwei Landminen aufgeführt, die das Leben einer Patchworkfamilie bedrohen. Leider gibt es noch weitere.

Die zweite Runde

Unser Thema war: Patchworkfamilien und ihre eigenen, besonderen Herausforderungen. Es könnte sich jedoch ein weitaus schwierigeres Problem ergeben. Es betrifft das Verhältnis des neuen Mannes und der neuen Frau zu den Kindern. Beide sind auf irrationale Weise mit ihrem eigenen Fleisch und Blut verbunden, während sie zu den anderen Kindern lediglich das Verhältnis von Bekannten haben. Wenn Kleinkrieg und Beleidigungen zwischen den beiden Kindergruppen entstehen, sind die Eltern fast immer auf der Seite ihrer eigenen Sprößlinge. Es ist ganz natürlich, wenn sie die Seite ihrer eigenen Kinder im Auge haben. Bedauerlicherweise geht dann die Tendenz dahin, daß sich die Patchworkfamilie in zwei feindliche Lager aufspaltet nach dem Motto: Wir gegen die anderen. Wenn Kinder bei solchen Situationen Spannung zwischen den Eltern spüren, kann es dazu kommen, daß einer von ihnen versucht, Macht über seine Geschwister zu bekommen.

Schreckliche Machtkämpfe entstehen dann, es sei denn, daß es Wege gibt, um diesen Gefühlen Ausdruck zu verleihen. In Anbetracht dieser Herausforderungen ist es verständlich, daß die Erfolgschancen einer zweiten bzw. dritten Ehe geringer sind als bei einer ersten Ehe.

Natürlich ist es möglich, Familien erfolgreich zusammenzufügen, und das ist auch bereits millionenfach geschehen. Die Aufgabe ist jedoch auf jeden Fall eine schwierige, und eventuell bedarf es fachgerechter Hilfe, um sie zu bewältigen. Deshalb rate ich jenen, die eine Wiederheirat planen, so früh wie möglich professionelle Hilfe in Anspruch nehmen. Sie ist nicht ganz billig, doch eine Scheidung kommt auf jeden Fall teurer.

Rotkehlchen im Regensturm

Eine alleinstehende Mutter hat mir vor kurzem etwas erzählt, das mir die Einsamkeit und den Streß Alleinerziehender verdeutlicht hat. Sie berichtet, wie sie an einem verregneten Tag aus dem Fenster sah und Zeuge eines sich entfaltenden Dramas wurde. Eine Rotkehlchenmutter und ihre Jungen saßen auf dem Zweig eines Gebüschs. Während der Regen herabströmte, bedeckte die Mutter ihre zirpenden Kleinen mit ihren ausgebreiteten Flügeln. Dann begann es zu hageln. Anstatt ihren Kopf in das schützende Nest zurückzuziehen, streckte sie ihn weit vor, um ihre Jungen vor den herabprasselnden Körnern zu schützen. Die Jungen überlebten den Sturm.

Welches Bild für die Gefahren alleinerziehender Mütter oder Väter! Die Verantwortung, Kinder allein großzuziehen, ist ungeheuerlich. Die Mutter bzw. der Vater muß einem Beruf nachgehen und zusätzlich noch kochen, saubermachen, Hausaufgaben überwachen, kranke Kinder pflegen etc. Ganz abgesehen von diesen Alltagspflichten muß man noch den eigenen persönlichen und geistlichen Bedürfnissen nachkommen. Insgesamt betrachtet, ist dies vielleicht eine der schwersten Aufgaben überhaupt auf dieser Welt. Alleinerziehende Mütter oder Väter brauchen unsere nicht nachlassende Hilfe und unsere Gebete.

Wer sich bei allen Widrigkeiten des Lebens schützend vor seine Kinder stellt, soll wissen, daß bessere Zeiten kommen. Der Sturm hält nicht ewig an. Dann wird ein wunderschöner Regenbogen zu sehen sein. Und wenn die Aufgabe beendet ist und eine Schar gesunder kleiner Vögel herangewachsen ist, dann werden all jene Mütter und Väter, die sich nicht aus dem Staub gemacht haben, einen Gewinn haben.

Ausdauer

Abraham Lincoln war der vielleicht größte amerikanischen Präsident, den es je gab. Er führte die Nation durch ihre dunkelsten Stunden hindurch, konnte die Union aufrechterhalten und verkündete die historische Freiheitserklärung. Ebenso beeindruckend finde ich die Art und Weise, wie er mit Widrigkeiten fertig wurde.

Vielleicht haben Sie von seinen vielen Enttäuschungen und seinen Fehlschlägen gehört, aber Ihre Kinder vielleicht nicht. Deshalb möchte ich zum Gedenken an diesen großen Mann daran erinnern. Im Jahre 1931 scheiterte er geschäftlich. 1832 wurde ihm die Aufnahme in die Legislative verweigert. 1833 erlitt er eine weitere geschäftliche Niederlage. 1835 starb seine Verlobte. 1836 erlitt er einen Nervenzusammenbruch. Im Jahre 1838 wurde er als Sprecher der Legislative abgelehnt. Sein Wunsch, das Amt eines Wahlmannes innezuhaben, wurde ihm 1840 versagt. Im Jahre 1843 gelang es ihm nicht, im Grundbuchamt angestellt zu werden. Im Jahre 1846 wurde er in den Kongreß gewählt, bei der Wiederwahl 1848 jedoch nicht mehr berücksichtigt. Sein Wunsch, in den Senat aufgenommen zu werden, ging 1855 nicht in Erfüllung. Seine Kandidatur zur Vizepräsidentschaft im Jahre 1856 war nicht von Erfolg gekrönt. Bei einem weiteren Ansuchen 1858 erging es ihm ebenso, doch im Jahre 1860 wurde er zum Präsidenten der Vereinigten Staaten von Amerika gewählt.[39]

Welch unglaubliche Ausdauer angesichts solcher Widrigkeiten! Diese Lektion aus der Geschichte sollte jedem Schulkind nahegebracht werden.

Heaven's Gate

Vielleicht erinnern Sie sich an die Tragödie der Heaven's Gate Sekte, deren 39 Mitglieder im Jahre 1997 Selbstmord begingen. Ihre Vorstellung, von einem Raumschiff abgeholt zu werden, hinterließ bei der amerikanischen Öffentlichkeit Gefühle des Entsetzens und Erstaunens. Was konnte so viele scheinbar gesunde Menschen dazu bewegen, sich aufgrund einer Phantasievorstellung mit Raumfahrtcharakter umzubringen?

Die Sekte mag vielleicht unbewußt von dem in jedem Menschen schlummernden Verlangen nach Sinn und Bedeutung motiviert gewesen sein. Um diese Suche nach Sinn zu befriedigen, muß jeder von uns zahlreiche Fragen, die das Leben an uns stellt, beantworten, einschließlich: „Wer bin ich?“ „Weshalb lebe ich?“ „Wer schuf mich?“ und „Gibt es ein Leben nach dem Tode?“ Menschen, denen es nicht gelingt, befriedigende Antworten auf diese Fragen zu finden, können leicht Opfer moderner Rattenfänger werden. Oft jagen sie den verrücktesten Thesen der Gurus und selbsternannten Welterlöser nach und sitzen, in ihrem Wunsch, an *etwas* glauben zu können, ihren Lügenmärchen auf. Jemand hat es einmal so erklärt: „Aberglaube ist der Wurm, der aus dem Grab eines toten Glaubens hervorkommt.“ Mit anderen Worten, wenn ein Mensch keinen Gott anerkennt, der seinem Leben Sinn geben kann, dann entsteht ein großes Loch, das sich nach Erfüllung sehnt. Oft wenden sich solche Menschen an Zauberei, Magie, Ufos und Mythen des Altertums, um ihr tiefes Verlangen zu befriedigen. Die Anhänger der Heaven's Gate Sekte müssen sich wohl dieser Art von falscher Lehre verschrieben haben.

Wir Eltern können daraus lernen, daß wir unseren Kindern unbedingt etwas vermitteln müssen, woran sie glauben können, nicht nur *etwas*, sondern die *einzige* wahre Quelle der Wahrheit in der Person Jesus Christus. Gelingt es unseren Kindern nicht, diese Suche nach dem Sinn des Lebens befriedigend zu beantworten, sind sie anfällig für bizarre Sekten und Kultformen. Was die Heaven's Gate Sekte betrifft, so gehen neununddreißig Tote auf ihr Konto, die versuchten, von einem vorbeifliegenden Raumschiff mitgenommen zu werden.

Überall Türen

Stellen Sie sich bitte einmal einen langen dunklen Gang vor, der auf beiden Seiten zahlreiche Türen hat. Auf jeder Tür steht der Name einer Sucht, wie z. B. Alkoholsucht, Zigarettensucht, Einstiegsdrogen, Harte Drogen, Spielsucht, Sexsucht etc. Auf ihrer Reise durch die Kindheit und Pubertät müssen junge Menschen diesen Gang entlanglaufen. Die Versuchung ist sehr groß, die eine oder andere Tür auf dem Weg zu öffnen. Sie hören das Dröhnen der Musik und das rauhe Lachen ihrer Freunde auf der anderen Seite der Tür. Der Druck, sich ihnen anzuschließen, kann enorm groß sein. Es ist sehr schwer, den jungen Menschen auf der Suche nach Spaß und Vergnügen zuzureden, auf dem dunklen, entsetzlich langweiligen Gang stehenzubleiben.

Für einen gewissen Prozentsatz von Menschen beginnt sich beim Öffnen der einen oder anderen Tür eine Tragödie zu entfalten. Wenn ein junger Mensch anfällig ist, was er von sich vorher gar nicht wußte, reicht ein winziger geöffneter Türspalt, um in die Fänge eines Monsters hinter der Tür zu geraten. Einige werden ihr Leben lang Gefangene bleiben.

Wenn Sie mit einem Alkoholiker über seine Sucht sprechen, dann werden Sie meist erfahren, daß er früher nur Gelegenheitstrinker war und nicht ahnen konnte, daß sein Leben eine radikale und tragische Wende nehmen würde. Es begann alles damit, daß eine Tür einen Spaltbreit geöffnet wurde, wahrscheinlich im Teenagealter.

Gespräche mit einem Teenager

Es gibt Teenager, die ohne jeglichen Hinweis auf Navigationsprobleme durch die Jahre des Heranwachsens hindurchsegeln. Sie liefern zu Hause hervorragende Zeugnisse ab und sind Lehrern und Eltern zugleich eine wahre Freude. Wie wir wissen, gibt es jedoch auch andere, die aller Welt den Krieg erklären und zehn Jahre lang auf alle und alles eine Wut schieben.

Von der zweiten Gruppe sagte Mark Twain einmal: „Wenn ein Kind zwölf Jahre alt wird, sollte man es in eine Tonne setzen, den Deckel festnageln und es durch ein Astloch füttern. Wenn es dann sechzehn wird, sollte man das Astloch versiegeln.“ [40] Auch uns Eltern ist manchmal so zumute.

Erma Brombeck sagte einmal, sie sei nicht bereit, zweitausend Dollar für die Zahnkorrektur eines Kindes zu zahlen, das sowieso nie lächele. Eine andere Mutter erzählte, ihr Sohn sei als Kleinkind eine Plaudertasche gewesen, als Teenager jedoch hätte sich sein Vokabular auf neun Ausrufe beschränkt: „Weiß ich nicht“, „Vielleicht“, „Hab' ich vergessen“, „Hä?“, „NEIN!“ „Nö“, „Ja“, „Wer – ich etwa?“ und „Er war's!“

Was machen Sie, wenn Ihr niedlicher, anhänglicher, williger Kleiner zu einem mürrischen, schweigsamen Teenager heranwächst? Die Antwort lautet: Dann lieben Sie ihn oder sie mit unverminderter Kraft. Eine Erklärung für das, was Ihr Teenager von sich gibt, liegt in seinem hormonellen und emotionellen inneren Gefüge. Es wird jedoch nicht immer so bleiben. Sie gehen besseren Zeiten entgegen. Das Lächeln und das reichhaltige Vokabular kommen wieder. Das verspreche ich Ihnen.

Depressiv verstimmte Kinder

Depressionen, so meinte man, gebe es nur bei Erwachsenen, doch unser Verständnis hat sich im Hinblick auf dieses Krankheitsbild geändert. Heute erkennt man ernstzunehmende Anzeichen für Niedergeschlagenheit bereits an fünfjährigen Kindern.

Symptome einer Depression bei einem Kind im Grundschulalter können sein: allgemeine Antriebslosigkeit, Mangel an Interesse an Dingen, die das Kind sonst begeistern, Schlafstörungen, abgenagte Fingernägel, Appetitlosigkeit und heftige Gemütsäußerungen. Auch Magenbeschwerden sowie eine niedrige Frustrationsschwelle können weitere Anzeichen sein.

Wenn Sie meinen, Ihr Kind beginne Anzeichen einer Depression zu zeigen, sollten Sie ihm behilflich sein, über seine Gefühle zu sprechen. Versuchen Sie, die Erklärung für die Traurigkeit oder die Wut zu erahnen und verwickeln Sie das Kind in Gespräche, bei denen Gelegenheiten bestehen, den Gefühlen freien Lauf zu lassen. Seien Sie bereit zuzuhören, ohne die ausgedrückten Gefühle zu beurteilen oder als geringfügig abzutun. Das Gefühl, verstanden zu werden, ist es, was Kindern und auch Erwachsenen wohl tut.

Wenn das Problem anhalten sollte, rate ich Ihnen dringend, professionelle Hilfe aufzusuchen. Eine länger anhaltende Depression kann auf alle Menschen gleich welchen Alters eine verheerende Wirkung haben. Besonders gefährdet sind Kinder.

Bill und Frank

In der Vergangenheit der Olympischen Spiele gibt es keine beeindruckendere Geschichte als die des Kanufahrers Bill Havens. Bei den Olympischen Spielen in Paris im Jahre 1924 war er ein sicherer Kandidat, so sagte man, für eine Goldmedaille.

Einige Monate vor den Spielen erfuhr er jedoch, daß seine Frau genau in der Zeit seiner Abwesenheit ihr erstes Kind auf die Welt bringen sollte. Sie sagte, sie werde es schon alleine schaffen, doch dieses Ereignis war für ihn von solcher Bedeutung, daß er nicht darauf verzichten wollte. Also blieb er zur Überraschung aller zu Hause. Bill konnte seinen Sohn Frank am 1. August des Jahres 1924 willkommen heißen, und wenngleich er sich fragte, wie die Spiele wohl für ihn ausgegangen wären, sagte er, er habe seine Entscheidung nie bereut.

Sein kleiner Sohn war sein Ein und Alles, und beide teilten die gleiche Leidenschaft für Wildwasserfahrten. Es vergingen vierundzwanzig Jahre, die Olympischen Spiele sollten in Helsinki, Finnland stattfinden. Dieses Mal war Frank Havens auserkoren, als Kanufahrer dabei zu sein. Nach dem Wettbewerb erhielt Bill folgendes Telegramm von seinem Sohn: „Lieber Papa, danke, daß Du bei meiner Geburt 1924 auf mich gewartet hast. Ich komme jetzt nach Hause und bringe die Goldmedaille mit, die du eigentlich gewonnen hättest.“ Die Unterschrift lautete: „In Liebe, dein Sohn Frank.“ [41]

Viele mögen sich fragen, ob Bill Havens Entscheidung, auf das große Ereignis in Paris zu verzichten, richtig gewesen ist. Bill selbst zögerte nicht einen Augenblick lang. Er wollte seine Familie wissen lassen, daß sie, ganz gleich, was kommen mag, immer an erster Stelle stand. Für einen kleinen Jungen namens Frank war sein Vater ein Held.

Dreimal untergetaucht

Als meine Frau Shirley und ich jungverheiratet waren, fuhren wir einmal an einem Wochenende an einen nahegelegenen Ausflugsort. In Windeseile zog sie ihren Badeanzug an und sprang in den Pool, ehe ich überhaupt erst richtig angekommen war. Überall lagen oder saßen muskulöse, braungebrannte Badegehilfen.

Shirley ist keine besonders gute Schwimmerin, und so kam es, daß sie schon vor Erreichen des tiefen Wassers erlahmte. Je mehr sie im Wasser herumstrampelte, desto müder wurden ihre Glieder. Panik erfaßte sie.

Ich ertrinke, dachte sie. *Ich schaffe es einfach nicht.*

Shirley hätte nur um Hilfe schreien müssen. Dann wären die Bademeister und sechzehn hilfsbereite Männer ihr zur Seite geeilt. Sie genierte sich jedoch vor all den kraftstrotzenden braungebrannten Leuten. Sie beschloß, lieber zu ertrinken, als sich zu blamieren. Glücklicherweise gelang es ihr doch noch, wenn auch nur mühsam, den Beckenrand zu erreichen, wo sie sich hustend, prustend und nach Luft ringend festklammerte.

Diese Geschichte erinnert mich an Menschen, die unterzugehen drohen und dennoch nicht um Hilfe rufen wollen. Einige von ihnen sind Alkoholiker, die leugnen, ein Problem zu haben. Einige sind drogensüchtige Teenager, die nicht zugeben wollen, daß sie abhängig sind. Einige verüben lieber Selbstmord, als die ihnen zur Verfügung stehende Hilfe in Anspruch zu nehmen.

Wenn Sie zu „ertrinken“ drohen, dann rufen Sie um Hilfe. Lassen Sie nicht zu, daß Ihr Stolz Sie hinunterzieht.

Shakespeare und ich

Wie bringt man Kindern bei, ehrlich zu sein? Ich erzähle Ihnen einfach, wie meine Mutter es machte. Mit vierzehn Jahren sollte ich im ersten Schulhalbjahr eine Anzahl Werke bedeutender Schriftsteller lesen. Aber wie es nun einmal in diesem Alter ist, hatte ich ganz andere Dinge vor.

Gegen Ende der vorgegebenen Zeit hatte ich nicht einmal mit dem Lesen angefangen. Deshalb suchte ich die schwersten, umfangreichsten Bücher aus der Bibliothek heraus und behauptete meiner Lehrerin gegenüber, ich habe sie gelesen. Die Folge war, daß sie mir eine Eins plus im Zeugnis gab. Meine Mutter war beeindruckt, mein Vater stolz, und ich fühlte mich unendlich schuldig.

In einem Augenblick echter Buße gab ich vor meiner Mutter zu, daß ich geschummelt hatte. Anstatt wütend zu werden oder mich sechs Jahre lang in Grund und Boden zu stampfen, antwortete sie ruhig, aber nachdrücklich: „Nun, du wirst die Bücher ganz einfach lesen müssen."

„Aber, Mama", sage ich, „wie soll ich es denn schaffen, die gesammelten Werke von William Shakespeare, *Ben Hur* und ungefähr zehn weitere Wälzer zu lesen?"

„Das weiß ich nicht", lautete ihre Antwort, „aber es bleibt dir nichts anderes übrig." Den Rest des Schuljahres verbrachte ich damit, die Klassiker zu lesen, während meine Freunde Fußball spielten und sich unter meinem Fenster mit ihren Freundinnen unterhielten. Ich sage Ihnen, es war zum Verrücktwerden. Kein Mensch hat je für seine kleine Unehrlichkeit mehr bezahlt als ich. Als die Sache erledigt war, ging ich zu meiner Lehrerin und beichtete unter Tränen, was vorgefallen war. Sie vergab mir, und der Alltag hatte mich wieder.

Ich habe diese Lektion nie mehr vergessen, so schmerzlich sie auch war. Ich bin aber dennoch froh, daß die Dame des Hauses mich nicht davonkommen ließ. Dafür war sie einfach zu clever!

Schafe, die zur Schlachtbank geführt werden

Einmal sah ich einen Dokumentarfilm über ein Schlachthaus für Schafe. Man sah Hunderte von nervös zappelnden Tieren in Ställen zusammengepfercht. Sie schienen die Gefahr zu spüren, die in dieser ihnen ungewohnten Umgebung auf sie lauerte. Irgendwann wurde ein Gatter zu einer Rampe geöffnet, die zu einer Tür hinaufführte. Um die Schafe dazu zu bringen, daß sie die Rampe hinaufliefen, bedienten sich die Helfer der sogenannten „Judasziege". Das ist ein Ziegenbock, der dazu trainiert wird, die Schafe ins Schlachthaus hineinzuführen.

Dieser Ziegenbock ging sicheren Schrittes auf die Rampe zu und blickte sich um. Dann ging er einige Schritte weiter und hielt wieder inne. Die Schafe blickten sich nervös an und begannen auf die Rampe zuzugehen. Schließlich folgten sie dem vertrauenserweckenden Ziegenbock bis nach oben, wo dieser dann durch ein weiteres Gatter verschwand. Dadurch wurden die Schafe direkt ins Schlachthaus geleitet. Das ist ein eindrückliches Bild für Herdenverhalten mit tödlichem Ausgang.

Die Ähnlichkeit zwischen den Schafen, die der Judasziege folgen, und den Teenagern, die dem Druck ihrer Altersgenossen unterliegen, ist verblüffend. Diejenigen, die mehr Selbstvertrauen haben und aufsässiger sind, bringen die Zaghaften in Schwierigkeiten. Einige von ihnen spritzen Heroin oder konsumieren Kokain; andere versuchen es mit gefährlichen sexuellen Praktiken; andere fahren alkoholisiert Auto und fallen durch Gewalttätigkeiten auf. Wozu solch ein destruktives Verhalten? Ist ihnen ihr eigenes Leben und die Zukunft, die sie aufs Spiel setzen, so wenig wert? Den meisten nicht. Der Druck, mithalten zu können und der Judasziege zu folgen, ist stärker als der Wunsch nach Sicherheit und Wohlbefinden.

Erwachsene haben ähnliche Probleme. Der Prophet Jesaja wußte davon, denn er schrieb einmal: „Wir sind alle wie Schafe in die Irre gegangen."[42]

Der Wahn mit den Steroiden

Eine neue gesundheitliche Bedrohung für junge Athletinnen ist ans Licht gekommen. Ein Studie in *Archives of Pediatric and Adolescent Medicine* (Zeitschrift für Kinder- und Jugendmedizin) hat gezeigt, daß in den höheren Schulklassen mehr Mädchen als bislang bekannt Anabolika einnehmen.

Die Möglichkeit, ein Stipendium zu erhalten und später als Frau eine sportliche Karriere auszuüben, sind für einige junge Mädchen (und vielleicht auch deren Eltern) Anreiz genug, ihre Muskelmasse künstlich aufzubauen. Steroide werden eingenommen, um den von der Entertainment- und Modebranche idealisierten „Magersüchtigen-Look" zu erreichen. Wie auch immer die Motivation aussehen mag, drei amerikanische Umfragen haben bestätigt, daß 175 000 amerikanische Mädchen im High-School-Alter – das sind 2,4 % – angeben, mindestens einmal Steroide eingenommen zu haben. Die doppelte Anzahl Jungen haben mit solchen Stoffen experimentiert, doch bis jetzt glaubte man, der Konsum unter Mädchen sei gering.

Bitte, liebe Eltern, achten Sie auf das, was ich sage: Wer Steroide einnimmt, muß lebenslang mit Problemen rechnen. Jungen Frauen müssen mit männlichen Körpermerkmalen rechnen, so wie Bartwuchs, tiefere Stimmlage, Zurückbildung der Brust und Menstruationsprobleme. Diese Auswirkungen bleiben ein Leben lang bestehen, wie eine Tätowierung, die nicht mehr rückgängig zu machen ist. Ernsthaftere Probleme wie z. B. Leberschäden, Herzmuskelschwäche und Einschränkung der Gebärfähigkeit sind auch noch häufig zu beobachten.[43]

Auf den Punkt gebracht heißt das: Der Gebrauch von Steroiden ist sowohl für Frauen als auch für Männer äußerst schädlich.

Kleine Ohren

Eltern sollten in Gegenwart ihrer Kinder äußerst vorsichtig mit ihren Bemerkungen sein. Beleidigende Äußerungen werden oft sehr wohl von kleinen Kindern verstanden und bleiben ihnen in Erinnerung. Als ich fünf Jahre alt war, kam ich einmal gerade in dem Augenblick in ein Zimmer gerannt, als mein Vater einigen anderen Männern etwas wenig Schmeichelhaftes sagte. Diese Bemerkung ist mir noch heute in Erinnerung. Mein Vater hat nicht beabsichtigt, mich durch seine wenig feinfühlige Art anderen gegenüber zu verletzen, und später entschuldigte er sich auch dafür. Doch seine Nachlässigkeit blieb mir als Erinnerung in meinem Gedächtnis haften.

Ähnliche Fehler machen Eltern, die nach einem Vortrag von mir um ein Gespräch bitten. Dann beginnen sie freimütig von einem Problem zu erzählen, das sie mit ihren Kindern haben. Während sie eine besonders unvorteilhafte Eigenschaft erwähnen, entdecke ich, wie die Kinder neben ihrer Mutter stehen und eifrig zuhören. Sie werden diese Bemerkung vielleicht nie mehr vergessen.

Erstaunlicherweise sind es nicht nur unsensible Eltern, die solche Fehler machen. Ich habe vor Jahren einmal einen aufgeweckten neun Jahre alten Jungen mit ausgeprägten Lernschwierigkeiten an einen Neurologen überwiesen. Nach einer gründlichen Untersuchung bat der Neurologe die Eltern und ihren Sohn zur Beratung in die Sprechstunde. Im Beisein des erschrockenen kleinen Patienten diagnostizierte er den „Gehirnschaden“ so, als könne dieser jene unheimlich klingenden Worte weder hören noch deren Tragweite verstehen. Ich bin sicher, daß der Junge sie nie vergessen hat.

Einfühlsamkeit ist der Schlüssel. Das bedeutet, daß wir in den Jahren, in denen unsere Kinder besonders verletzlich sind, in einfühlsamer Weise auf ihre Gedanken und Gefühle eingehen sollten.

Der Kapitän und der Seemann

In der offiziellen Zeitschrift der Marine berichtete Frank Koch von einer sehr ungewöhnlichen Begegnung auf See. Ein Kriegsschiff war bei schwerem Wetter auf Manöver unterwegs. Kurz nach Sonnenuntergang meldete der Beobachtungsposten ein Licht in der Ferne, woraufhin der Kapitän eine Botschaft funkte: „Wir sind auf Kollisionskurs. Ändern Sie Ihren Kurs um zwanzig Grad."

Kurz darauf kam ein Signal zurück: „Es ist ratsam, daß *Sie* Ihren Kurs ändern."

Der Kapitän befahl zornig ein weiteres Signal zu senden: „Ich bin Kapitän. Ändern Sie Kurs um zwanzig Grad."

Wieder kam die Antwort: „Ich bin Zweiter Matrose. Sie sollten Ihren Kurs ändern."

Wutentbrannt brüllte der Kapitän ein letzte Drohung: „Ich bin ein Kriegsschiff! Ändern Sie Ihren Kurs!"

Das Signal kam zurück: „Ich bin ein Leuchtturm!" Da änderte der Kapitän seinen Kurs! [44]

Ganz gleich, wie mächtig und bedeutend jemand sein mag, es ist töricht, die Leuchtturmsignale, die uns vor Gefahr warnen, zu mißachten. Sie äußern sich auf verschiedene Weise. Dazu gehören gesundheitliche Probleme, lang anhaltende Ehekonflikte, rebellische Kinder, übermäßige Schulden, quälender Streß. Das sind Warnsignale einer herannahenden Gefahr. Es spielt dabei keine Rolle, ob wir erfolgreich, einflußreich und beschäftigt sind. Ein zweiter Matrose sitzt irgendwo in seinem Leuchtturm und gibt das Signal: „Ändern Sie den Kurs!" Ein weiser Kapitän tut das ohne zu zögern.

Spritzenpark

Vielleicht ist Ihnen aufgefallen, daß unsere Gesetzgebung den Gedanken wieder einmal ins Auge faßt, unter Ausgabe von kostenlosen Einwegspritzen Drogen zu legalisieren. Die Überlegung dahinter ist, die Ausbreitung von AIDS zu bremsen und die Profite im Drogengeschäft zu verringern. So verführerisch diese Argumente auch klingen, in meinen Augen sind sie gefährlich.

Ehe sie solche Programme in Angriff nehmen, sollten die zuständigen Behörden das Schweizer Experiment überdenken. Ende der achtziger Jahre wurde dort ein städtisches Grundstück bereitgestellt, auf dem Süchtige legal spritzen und kostenlose Einwegspritzen ohne Nachfragen erhalten konnten. Dieser Ort hieß Platzspitz und wurde als „Spritzenpark“ bekannt. Das Experiment ging schief. Es dauerte nicht lange, da stieg die Zahl der Junkies im Park von zweihundert auf zwanzigtausend.[45]

Täglich wurden zehntausend Schuß gesetzt. Junkies von der ganzen Schweiz kamen, um sich hier zu bedienen. Ihre Zahl war bald größer als die Einwohnerzahl. Die Todesrate stieg, und die Beamten der Gesundheitsbehörde mußten täglich fünfundvierzig Menschen mit einer Überdosis wiederbeleben. Wie zu erwarten kletterte die Verbrechensrate in astronomische Höhen.

Das Experiment wurde abgeblasen, der Park dichtgemacht. Fast augenblicklich fiel die Kriminalitätsrate auf ihren normalen Stand. Das Ansinnen stellte sich als riesengroße Pleite heraus.[46] Selbst wenn das Vorhaben geklappt hätte, hätte ihre Botschaft gelautet: „Nehmt keine Drogen, aber hier bekommt ihr alles, was ihr dafür benötigt.“

Es *muß* ganz einfach eine bessere Antwort geben auf eine der schlimmsten Geißeln unserer Tage. Hoffentlich werden die Verantwortlichen in unserem Lande nicht den gleichen Fehler machen!

Das schüchterne Kind

Ich hörte einmal von einem zwölfjährigen Jungen, der noch nie zuvor in seinem Leben auch nur ein Wort gesprochen hatte. Seine Eltern und Geschwister meinten, er könne nicht sprechen, weil sie seine Stimme noch nie gehört hatten. Eines Tages setzte ihm seine Mutter zum Mittagessen eine Schüssel Suppe vor, und er nahm einen Löffel voll. Dann schob er den Teller beiseite und rief: „Pfui! Das esse ich nicht!“

Seine Familie war überglücklich. Der Junge hatte einen ganzen Satz gesprochen! Der Vater sprang freudig auf und sagte: „Weshalb hast du denn noch nie mit uns gesprochen?“

„Weil bis jetzt alles OK war“, lautete seine Antwort.

Es gibt viele schüchterne Kinder unter uns, die einfach nicht viel sprechen wollen. Wenn sie neuen Menschen vorgestellt werden, stehen sie verschüchtert da und blicken verschämt zu Boden. Ihre Eltern wünschten, sie hätten mehr Selbstvertrauen.

Die Frage taucht auf, weshalb diese Kinder so introvertiert und zurückgezogen sind. Die Antwort lautet: Sie sind so geboren. Laut New York Longitudinal Study zeigt sich Schüchternheit bei ungefähr 15 Prozent aller Kinder. Sie gilt als bleibendes Merkmal.[47] Sie ist erblich bedingt und ist Veranlagungssache.

Man kann ein schüchternes Kind die allgemeinen Höflichkeitsformen lehren, die grundlegende Persönlichkeit beeinflussen zu wollen, ist jedoch nicht ratsam. Statt dessen sollte man das Kind akzeptieren wie es ist. Auf der ganzen Welt gibt es kein anderes Kind wie diese einmalige kleine Persönlichkeit.

Anstand

Wenn man den Nachforschungen der Verhaltensforscher Glauben schenkt, sind außereheliche Affären in den Vereinigten Staaten heute häufiger anzutreffen als je zuvor. Menschen, die es eigentlich besser wissen sollten, so wie Geistliche, Ärzte und Politiker, setzten ihre Ehe, ihre Karriere und ihre Kinder für sexuelles Fehlverhalten aufs Spiel. Selbst der Präsident der Vereinigten Staaten hat sich in das eine oder andere Techtelmechtel verwickeln lassen und dadurch seinen Platz in der Geschichte riskiert. Unmoralisches Verhalten dieser Art zerstört Millionen von Familien aller Gesellschaftsschichten.

Die Frage, die ich stellen möchte, lautet: Was geschieht mit den Menschen, die ihre Ehepartner betrügen, mit solchen Menschen also, die auf Anstand verzichten, nur um sich jemandem hinzugeben, der vielleicht aufregender ist?

Über die Jahre habe ich etliche dieser Menschen beobachtet, und was ich bemerkt habe, ist, daß sie letztendlich dann doch einen „anständiges Lebenswandel" führen. Nach dem Reiz des Neuen und dem Abkühlen der leidenschaftlichen Phase muß man sich wieder dem Alltag mit der Kocherei, dem Putzen und dem Geldverdienen widmen. Das Gras auf der anderen Seite der Umzäunung sieht immer grüner aus, doch auch dieses Gras muß gemäht werden. Es werden auch bei dem neuen Partner persönliche Eigenheiten und Irritationen sichtbar, die denen ähneln, die der vorherige Partner hatte. Und raten Sie mal, was dann geschieht? Das anständige Leben erweist sich erneut als einengend. Und was macht man, wenn die Falle zuzuschnappen droht? Manch einer hüpft dann von einem Partner zum anderen in dem vergeblichen Bemühen, etwas Unbeschreibliches, Unauffindbares zu entdecken. Zurück bleiben verflossene Partner, die sich abgelehnt, verbittert und ungeliebt fühlen. Sie produzieren kleine Kinder, die verletzt fragen, weshalb Papa nicht mehr zu Hause wohnt und weshalb Mama immer weint.

Soaps und Serienfilme im Fernsehen gaukeln uns täglich vor, daß Untreue ein tolles Spiel zu zweit ist. Es sieht alles so lustig aus, doch wenn der Ehebruch seinen Lauf nimmt, hinterläßt er Schmerz und zerbrochene Illusionen. Am meisten haben die Kinder zu leiden, denn sie sind es, die unentrinnbar verstrickt sind.

Kinder und ihre Veranlagungen

Wir wollen uns im folgenden über zwei Arten von Kindern unterhalten, die man in jedem Klassenzimmer antrifft. Die Kinder der ersten Kategorie sind von Natur aus Jungen und Mädchen (in erster Linie sind es Mädchen), die systematisch vorangehen und um Details bemüht sind. Sie nehmen das Lernen sehr ernst und übernehmen die volle Verantwortung für die ihnen übertragenen Aufgaben. Schlechtes Abschneiden bei einer Klassenarbeit würde sie mehrere Tage lang deprimieren. Eltern solcher Kinder müssen nicht ständig hinter ihren Hausaufgaben her sein. Sie leben einfach so, und diese Art zu leben entspricht ihrer Veranlagung.

Die Kinder der zweiten Kategorie sind Jungen und Mädchen (mehr Jungen als Mädchen), die sich in die Struktur des Klassenzimmers einfach nicht einbinden lassen. Sie sind nachlässig, unordentlich und flatterhaft. Sie haben eine angeborene Abneigung gegen das Lernen und spielen lieber. Sie können nicht auf Erfolge warten und laufen deshalb auch ohne Erfolge erlebt zu haben weiter. Wie bei Bakterien auch, die mit der Zeit immun gegen Antibiotika werden, richtet bei diesen Lerndesinteressierten der Druck der Erwachsenen nichts aus. Sie widerstehen dem Sturm elterlicher Proteste, der alle paar Wochen mit Macht über sie hereinbricht, und ohne daß man es wahrnimmt, rutschen sie wieder in ihre Gleichgültigkeit zurück. Sie nehmen gar nicht wahr, daß man in der Schule Aufgaben zugeteilt bekommt, und es scheint sie auch gar nicht peinlich zu berühren, wenn es ihnen nicht gelingt, sie zu Ende zu bringen. Wenn sie die Abschlußprüfungen überhaupt bestehen, so geschieht dies nicht mit einer Belobigung, sondern mit der Bemerkung: „Eben gerade bestanden."

Wir sollten uns eigentlich mehr mit diesen chaotischen Kindern befassen, denn es gibt eine ganze Menge von ihnen hier auf Gottes Erde. Sie treiben ihre Eltern an den Rand der Verzweiflung, und ihr mangelnde Arbeitswille bewirkt zu Hause manchmal kriegsähnliche Zustände. Ich werde in einem weiteren Abschnitt einige Vorschläge machen, die sich im Umgang mit diesen Kindern als hilfreich erwiesen haben.

Innerlich mitgehen

Zu dem Thema der flatterhaften, chaotischen Kinder, die absolut keine Schulaufgaben machen wollen und hinter allen Erwartungen zurückbleiben, möchte ich noch einige Gedanken weitergeben.

Erstens: Diese Kinder sind nicht von Natur aus ihren strebsamen Geschwistern unterlegen. Sicher, es wäre schön, wenn alle Schüler ihre Talente voll ausschöpften. Aber Kinder sind einzigartige Individuen, und sie müssen nicht alle in das gleiche Schema passen. Außerdem erbringen die klassischen Schulversager manchmal auf lange Sicht gesehen bessere Leistungen als die akademischen Superstars. So war es mit Einstein, Edison, Eleanor Roosevelt und anderen. Schreiben Sie also das chaotische, augenscheinlich faule Kind nicht als ewigen Versager ab. Er oder sie könnte irgendwann einmal für Überraschungen sorgen.

Zweitens: Es wird Ihnen nie gelingen, mit Hilfe von Nörgeln, Drängen, Drohen oder Strafen aus einem notorischen Schulversager einen Musterschüler zu machen. Das liegt einfach nicht drin. Versuchen Sie einmal, das Kind krampfhaft zu etwas zu machen, das es gar nicht ist. Das Ergebnis wird sein: ein nervöses Kind und ein frustrierter Erwachsener.

Drittens: Bleiben Sie in Kontakt mit der Schule. Ihr unruhiges Kind wird nie freiwillig erzählen, was es dort erlebt hat, und deshalb müssen Sie sich darum kümmern, es zu erfahren. Ergreifen Sie falls nötig unterstützende Maßnahmen, um es bei der Stange zu halten.

Viertens: Ihrem Kind fehlt die Kraft, sein Leben zu strukturieren. Helfen Sie ihm dabei.

Wenn Sie alles getan haben, um ihm hilfreich unter die Arme zu greifen, nehmen Sie das, was retour kommt, so an, wie es ist. Gehen Sie innerlich mit und halten Sie Ausschau nach anderen Möglichkeiten, wie Ihr Kind Erfolgserlebnisse haben kann. Dieser Rat ist das Beste, was Sie für Ihren Sohn oder Ihre Tochter tun können, und glauben Sie mir: Er schont Ihre Nerven.

Die sprechende Waage

Vor einigen Jahren schenkten mir meine Angestellten zum Geburtstag eine „sprechende Waage". Ich habe ihnen nie gesagt, wie groß meine Abneigung gegen sie war. Man konnte die Lautstärke nicht beeinflussen und sie posaunte mein Gewicht für alle Nachbarn hörbar hinaus.

Aber dennoch machte ich kurze Zeit nach meinem Geburtstag eine zweiwöchige Diät und kontrollierte anhand der Waage den Gewichtsverlust. Jeden Morgen nach dem Aufstehen bestieg ich die Waage, um von einer männlichen Stimme die gute (oder auch schlechte) Nachricht verkündet zu bekommen.

Nach ungefähr zwölf Tagen hüpfte ich morgens wieder einmal auf die Waage, nur um zu erfahren, daß ich 135 kg wog. Ich hatte vierzig Kilo an einem einzigen Tag zugenommen! Das konnte einfach nicht sein, und so kletterte ich herunter und dann wieder hinauf. Jetzt lautete die Aussage: „Sie wiegen 60 Kilo." Bei jedem Versuch, mein Gewicht abzufragen, erhielt ich eine andere Antwort. Warum spielte die Waage plötzlich verrückt?

Als ich mich ein letztes Mal draufstellte, sagte das verrückte Ding gar nichts mehr. Da stand ich nun in meinem Pyjama, kam mir albern vor und wartete auf den Spruch dieser verrückten Maschine. Nach einer langen Pause erklang eine sehr müde Stimme: „Meieieieneee Baaattteeerriiiee iiisssttt lleeer."

„Weiß ich Kumpel, meine auch", stimmte ich ihr zu.

Heute habe ich sicherlich etwas gesagt, das jemanden betrifft, dessen „Batterien auch leergelaufen" sind. Die beste Kur für ein Energieproblem besteht in einem radikalen Tempowechsel, wenn auch nur für einen oder zwei Tage. Nehmen Sie sich frei. Fahren Sie fort. Lassen Sie alles liegen. Unternehmen Sie einen Einkaufsbummel. Tun Sie etwas, das Sie schon immer tun wollten, nur so, weil es Spaß macht.

Vielleicht kommen Sie mit aufgeladenen Batterien zurück und zischen richtig los.

Kindersterblichkeit

In einer der letzten Nummern von Forbes beschreibt Peter Brimelow den schrecklichen Fluch der Wochenbett- und Kindersterblichkeit der vergangenen zwei Jahrhunderte. Damals klopfte der Tod an fast jede Tür, ganz gleich, ob es sich um ein bescheidenes oder ein prunkvolles Zuhause handelte. Im 18. Jahrhundert starb jedes fünfte Baby im Kindesalter, und von tausend Müttern starben dreiunddreißig im Wochenbett. Abraham Lincoln mußte ein Kind im frühen Alter hergeben, und Cotton Mather, ein bekannter Geistlicher, begrub acht eigene Kinder im Alter von nicht einmal zwei Jahren.

Uns mag es heute nicht leicht fallen, sich vorzustellen, was der Tod der Mütter damals für die Familien bedeutete. Die Wirkung war verheerend, denn es geschah oft, daß eine Mutter von acht oder zehn Kindern bei der Geburt eines weiteren Kindes starb. Sie hinterließ einen von Trauer überwältigten Vater, der die Kinder versorgen mußte, ohne die kräftezehrenden Aufgaben auf den Feldern oder im Stall vernachlässigen zu können. Die Sterblichkeitsrate bei Kindern und Müttern im Wochenbett blieb auch in die moderne Zeit hinein erschreckend hoch. Wenn man diese geschichtlichen Tatsachen bedenkt, haben wir heute sehr viel Grund, dankbar zu sein. Von 14 285 Müttern im Wochenbett erleidet nur eine den Tod, und die Kindersterblichkeit beschränkt sich auf ein Baby von eintausendvierhundert.[48]

Da ist es nur allzu angebracht, wenn wir einmal innehalten und die erstaunlichen Fortschritte der medizinischen Wissenschaft überdenken und unsere Achtung denen gegenüber aussprechen, die es sich zur Aufgabe gemacht haben, die Gefahren einer Schwangerschaft und Geburt so gering wie möglich zu halten.

Floßfahrt auf dem River Rogue

Vor vielen Jahren unternahmen wir als Familie eine Floßfahrt auf dem River Rogue in Oregon. Diese Fahrt endete beinahe mit meinem Tod. Nachdem wir zwei Tage lang friedlich auf dem Floß dahingeschwommen waren, wurde ich unvermittelt in den tosenden Fluß geworfen. Es dauerte eine Ewigkeit, bis ich wieder an die Wasseroberfläche gelangte, wo ich feststellte, daß ich nicht atmen konnte. Mein Halstuch klebte über meinem Mund und wurde dort von meiner Brille festgehalten, die an einem Gummiband hinter dem Kopf befestigt war. Ich versuchte, mir das Tuch vom Gesicht zu reißen und nach Luft zu schnappen, während mir das Wasser ins Gesicht schlug und in meine Lungen drang. Ich meinte, sterben zu müssen. Nach schier endloser Zeit gelang es mir glücklicherweise, mich auf das Floß emporzuziehen, wo ich ungefähr zwanzig Minuten lang hilflos dalag und nach Luft rang.

Ich habe in den darauffolgenden Jahren oft an dieses Erlebnis zurückgedacht und bin zu dem Schluß gekommen, daß das Leben oft diesem schönen River Rogue ähnelt. Es gibt lange Passagen, wo das Wasser ruhig und gleichmäßig dahinfließt. Man kann sich über den Rand des Floßes beugen und sein Spiegelbild im Wasser erkennen. Die Landschaft ist wunderschön, und der Fluß trägt einen friedlich stromabwärts. Dann wird man ohne Vorwarnung über Bord geschleudert und in den Abgrund gerissen. Plötzlich ringt man nach Luft und meint untergehen zu müssen.

Für junge Menschen wäre es gut zu wissen, daß dieses früher oder später jedem einmal passiert. Niemand reist den Fluß des Lebens hinunter, ohne den Strömungen ausgesetzt zu sein. Es wird Augenblicke voll strahlender Pracht geben, doch es kommen auch Zeiten nackter Panik, in denen man der Gnade Gottes ausgeliefert ist.

So ist nun einmal das Leben.

Bundys letzte Worte

Wenige Stunden vor seiner Hinrichtung führte ich 1989 ein Videointerview mit Ted Bundy. Man hatte Ted Bundy für schuldig befunden, mindestens achtundzwanzig Frauen und Mädchen getötet zu haben. In dem Gespräch im Schatten des elektrischen Stuhls beschrieb Bundy in sehr offener Weise, wie er sexsüchtig geworden war. Im Alter von dreizehn Jahren hatte er pornographische Zeitschriften im Müll gefunden. Später war er besessen von Bildern mit Gewaltdarstellungen, die letztendlich zum Tod vieler Frauen und eines zwölfjährigen Mädchens führten. Nachdem er zwölf Jahre in Todeszellen verbracht und viele Killer kennengelernt hatte, war Bundy überzeugt, daß Pornographie gerade auf Männer eine verheerende Wirkung ausübt, da sie dafür besonders anfällig sind. In den letzten Stunden seines Lebens setzte er sich leidenschaftlich ein für mehr Einschränkungen beim Verkauf und bei der Verteilung obszönen Materials.

Hier lesen Sie nun einen Teil seiner letzten Aussagen:

> Ich kann nur hoffen, daß diejenigen, denen ich so viel Schaden zugefügt habe und denen ich so viel Leid angetan habe, mir das glauben, was ich jetzt sage, auch wenn sie mir meine Reue nicht abnehmen können. Ich möchte sagen, daß in den Städten und Dörfern Menschen rumlaufen wie ich, deren gefährliche Triebe Tag für Tag genährt werden von der Gewalt, die sie in den verschiedensten Formen in den Medien sehen, besonders der sexualisierten Gewalt ... Und was mich am meisten erschreckt und entsetzt, Dr. Dobson, ist ... wenn ich das sehe, was das Kabelfernsehen an Filmen zeigt, an Gewaltfilmen, die in die Wohnzimmer kommen, Zeug, das man vor dreißig Jahren nicht einmal in einschlägigen Kinos für Erwachsene hätte zeigen dürfen ... Aber ich sage Ihnen, es spielen heute auf den Straßen im ganzen Land Kinder, die morgen, übermor-

gen, in vier Wochen oder so tot sein werden, weil andere junge Leute all den Dreck lesen und angucken, den man überall in den Medien zu sehen kriegt.[49]

Ich bin überzeugt, daß Bundy recht hatte. Fast täglich liest man von Kindern, die vergewaltigt und aufs Brutalste umgebracht wurden. Ist erst einmal ein Verdächtiger identifiziert worden, finden die Beamten in ihrem Besitz kistenweise pornographische Zeitschriften mit Gewaltdarstellungen gegen Frauen und Kinder. Dieses Muster wiederholt sich immer und immer wieder.

Familienrunde am Eßtisch

Dr. Blake Bowden und seine Kollegen im Kinderkrankenhaus von Cincinnati haben 527 Teenager befragt, um zu erfahren, welche familiären Kriterien aus dem Alltagsleben unmittelbar im Zusammenhang stehen mit seelischer Gesundheit und sozialer Anpassung. Die Ergebnisse waren bedeutsam.

Was sie herausfanden, war, daß Jugendliche, deren Eltern mindestens fünfmal die Woche die Mahlzeiten mit ihren Kindern zusammen einnahmen, weniger zu Drogen griffen und weniger depressive Störungen zeigten oder mit dem Gesetz in Konflikt gerieten. Sie neigten zu besseren schulischen Leistungen und erfuhren Zuspruch in ihrem Freundeskreis. Überraschend war zu erkennen, daß diese positiven Ergebnisse auch bei denen zu erkennen waren, die die Mahlzeit nicht zu Hause gemeinsam einnahmen, sondern sich in Fastfoodrestaurants trafen. Im Gegensatz dazu aßen Jugendliche, die schlechter zurechtkamen, höchstens dreimal pro Woche mit ihren Eltern zusammen.

Was läßt sich daraus schließen? Übt Beisammensein am Eßtisch eine magische Wirkung aus? Natürlich nicht, und wer diese Untersuchungsergebnisse so deutet, wird enttäuscht sein. Was Bowdens Forschungsergebnisse zeigen, ist, daß Jugendliche bessere schulische und außerschulische Leistungen erbringen, wenn sich ihre Eltern mit ihnen *beschäftigen*, sich Zeit für sie nehmen und vor allem, wenn sie fast täglich mit ihnen zum Gespräch und Austausch zusammenkommen.[50]

Diese Tatsache ist immer und immer wieder wissenschaftlich belegt worden. Für das Wohlbefinden der Kinder ist das Familienleben von entscheidender Bedeutung.

Barbie und ihre Freunde

Vor vielen Jahren schrieb ich in einem meiner Bücher, daß mir das nicht gefällt, was kleinen Mädchen durch das Spielen mit Barbiepuppen angetan wird. Ich werde immer noch von Eltern gefragt, warum ich so empfinde.

Lassen Sie mich verraten, daß meine Tochter trotz meiner Ansichten zu diesem Thema jahrelang mit Barbiepuppen gespielt hat. Ich brachte es einfach nicht übers Herz, sie ihr wegzunehmen. Und dennoch *wünschte* ich, daß es sie nicht mehr gebe. Das mit dieser Puppe verkörperte Schönheitsideal und der durch sie vertretene Sinn für Materialismus könnte auf keinem geeigneterem Wege propagiert werden. Wenn wir unseren kleinen Mädchen die Notwendigkeit, reich und hübsch aufzuwachsen, eintrichtern wollten, könnten wir es nicht besser tun als auf diesem Wege.

Haben Sie jemals eine häßliche Barbiepuppe gesehen? Weist sie auch nur die allerkleinste Unvollkommenheit auf? Absolut nicht. Weiblichkeit und Sex Appeal dringen aus allen Poren. Ihr Haar ist dick und glänzend, strotzt vor „Volumen“ (was das immer sein mag). Ihre samtweiche Haut ist fehlerlos und tadelfrei (bis auf den Aufkleber „Made in Hong Kong“ auf ihrem Po). Solch ein idealisiertes Bild führt zu späteren Problemen, wenn ein echtes dreizehnjähriges Mädchen zum ersten Mal richtig in den Spiegel schaut. Dann weiß sie mit Sicherheit: So wie Barbie kann sie nie werden!

Unterm Strich habe ich ganz einfach prinzipiell etwas gegen diese Puppen, und zwar in erster Linie deshalb, weil sie in den Mädchen unrealistische Erwartungen für die eigene Zukunft wecken. Das ist meine erste Sorge. Weitere Einwände möchte ich zu einem späteren Zeitpunkt anschneiden.

Kleine Barbies

Meine Sorge im Hinblick auf Barbiepuppen und deren Auswirkungen auf kleine Mädchen, die sich in ihren Bann ziehen lassen, habe ich bereits geäußert. Sie stellen das Bild körperlicher Perfektion dar, wie sie für die meisten Mädchen wohl zu erreichen ist. Ich bin überzeugt davon, daß viele Identitätsprobleme im Teenageralter mit dem Schönheitsideal in Zusammenhang stehen, das im Laufe der Kindheit propagiert wird.

Es gibt noch etwas anderes, das mich beschäftigt. Barbiepuppen (und deren zahlreichen Nachahmungen) verleiten die Mädchen zu Erfahrungen, die in die Pubertät hineingehören und für die sich noch lange nicht reif sind. Statt daß drei- bzw. vierjährige Mädchen wie in den vergangenen Jahren mit Stofftieren, Bällen, Autos, Tierfiguren und dem üblichen Kinderspielzeug spielen, wird ihnen nahegelegt, vom Leben eines Teenagers zu träumen. Barbie und ihr Freund Ken verabreden sich miteinander, lernen zu tanzen, teure Sportwagen zu fahren, braun zu werden, Camping zu fahren, den Bund der Ehe zu schließen und Kinder zu haben (hoffentlich in eben dieser Reihenfolge). Die komplette Teenagerszene mit ihrer Betonung der Sexualität wird sehr kleinen Mädchen vor Augen geführt, die sich eigentlich mit viel kindlicheren Dingen beschäftigen sollten. Es beginnt damit für die Mädchen eine unnatürliche zeitliche Reihenfolge, so daß sie, lange bevor es an der Zeit ist, den Höhepunkt ihres Interesses an der Sexualität erreichen. Verbunden damit sind alle naheliegenden Auswirkungen auf ihre soziale und emotionale Gesundheit.

Ganz gleich, was Sie mit Barbie und ihren tollen Freunden machen, empfehle ich Ihnen dringend, die Erfahrungen, die ins Erwachsenenalter hineingehören, so lange hinauszuzögern, bis Ihre Kinder das entsprechende Alter erreicht haben. Sie werden später ausreichend Zeit haben, echte Teenager zu sein.

In guten und in schlechten Tagen

Ein uns befreundetes Ehepaar namens Keith und Mary Korstjens ist seit vierzig Jahren miteinander verheiratet. Kurz nach ihrer Hochzeitsreise bekam Mary Kinderlähmung und war daraufhin querschnittsgelähmt. Die Ärzte informierten sie, daß sie ihr Leben lang an einen Rollstuhl gefesselt sein würde. Die Nachricht traf beide zutiefst, doch Keiths Treue zu Mary hielt ein Leben lang an. Sie wurde all die Jahre von ihm gebadet, angezogen, ins Bett gebracht und aus dem Bett ins Badezimmer getragen, er putzte ihr die Zähne und kämmte ihr die Haare.

Keith hätte sich 1957 von Mary scheiden und nach einer neuen, gesünderen Frau Ausschau halten können, doch das kam für ihn gar nicht in Frage. Ich bewundere diesen Mann, nicht nur, weil er das Richtige tat, sondern weil er seine Frau weiterhin liebte und ehrte. Wenngleich Ihre und meine Verhältnisse weniger problematisch sind als die der Familie Korstjens, so haben wir doch alle unsere Schwierigkeiten. Wie reagieren wir darauf? Einige streichen aus irgendwelchen nichtigen Gründen die Segel. Wenn wir durchhalten wollen, dann wird uns nur eine eiserne Hingabe aufrechterhalten, wenn schwere Zeiten hereinbrechen.

Wir wollen einmal das Gelübde betrachten, das Abermillionen Menschen vor dem Traualtar aussprechen, wenn es heißt: „In guten und in bösen Tagen, in Reichtum und in Armut, in Krankheit und Gesundheit, sich vor allen anderen zu lieben und zu ehren, von diesem Tag an bis daß der Tod uns scheidet.“ Keith und Mary Korstjens haben diese Worte gesprochen und *genau das gemeint!*

Vergebung in Paducah

Vielleicht erinnern Sie sich an die Tragödie der Kleinstadt Paducah, Kentucky. Ein vierzehn Jahre alter Junge namens Michael Carneal eröffnete das Feuer auf eine Gruppe von Schülern, die sich zum Gebet versammelt hatten. Innerhalb weniger Sekunden hatte er drei von ihnen tödlich getroffen, sieben weitere verletzt.

Wer ist dieser Michael Carneal, und was wissen wir über seine frühen Jahre? Nun, mit Drogen, Kriminalität und Sekten hatte er nichts zu tun. Er war ein recht ordentlicher Schüler, der selten Schwierigkeiten machte, weder zu Hause noch in der Schule. Und doch gab es Anzeichen. Der rote Faden, der sich durch seine Schulaufsätze zog, zeigte, daß er sich „klein und machtlos" fühlte. Freunde sagten, er sei immer wütend gewesen, wenn man ihn in der Schule gehänselt habe. Dieses Muster ist inzwischen überall dort zu finden, wo unprovozierte Gewalttaten begangen werden.

Auch wenn wir uns mehr mit Michael beschäftigen müßten, so möchte ich mein Augenmerk doch mehr auf die anderen Jugendlichen in Paducah richten. Diese Jugendlichen bewiesen eine erstaunliche Bereitschaft zu vergeben. Plakate wurden hier und dort in der Schule aufgehängt mit den Worten: Wir vergeben Dir, Mike. Kelly Carneal, Michaels Schwester, wurde von ihren Kameradinnen herzlich umarmt und gebeten, auf der Beerdigung der ermordeten Mädchen im Chor mitzusingen. Und während des jährlich stattfindenden Weihnachtsumzugs in der Stadt gab es eine Schweigeminute für Michael und seine Familie.

Ein junges Mädchen hat es auf den Punkt gebracht: „Ich kann Michael nicht hassen und den Rest meines Lebens die Narben tragen, die er hinterlassen hat. Ich will ihm bewußt vergeben und drüber hinweggehen".[51]

Welch eine beeindruckende Reife von Teenagern in der Schußlinie.

Schon ein kleines bißchen hilft

Ist Ihnen schon aufgefallen, daß die meisten Fitnessfanatiker Anfang Zwanzig sind und sich bester Gesundheit erfreuen? Nicht sie sind es in erster Linie, die Bewegung nötig haben. Wir älteren Menschen sind eigentlich dran. Leider möchten wir Vierziger, Fünfziger und Sechziger uns nur dann bewegen, wenn es absolut nötig ist. Eine Frau sagte mir einmal, sie habe sich geschworen, ihr Leben lang nicht zu schwitzen. Eine andere Frau sagte mir, sie gehe nur deshalb joggen, um bei ihrer Beerdigung besser auszusehen. An einem Auto entdeckte ich einmal folgende Plakette: Ich gehe hart auf die 50 zu, und das ist schon Bewegung genug.

Denen, die nicht gern joggen oder Gewichte stemmen, möchte ich eine gute Nachricht weitergeben. Jüngsten Studien zufolge bedarf es keiner größeren Aktivität, um seinen allgemeinen Gesundheitszustand zu verbessern und das Risiko eines Schlaganfalls entscheidend zu verringern. Eine Untersuchung der University von Minnesota hat erbracht, daß allein die Arbeit im und um das Haus herum ausreicht, um ausreichend fit zu bleiben. Forscher haben herausgefunden, daß Männer und Frauen, die täglich durchschnittlich siebenundvierzig Minuten lang Tätigkeiten verrichten wie Rasenmähen, Gartenarbeit oder einfache Aufgaben im Haushalt, länger lebten als diejenigen, die sich gar nicht körperlich betätigten. Noch besser, aber nicht unbedingt nötig, ist es, alle paar Tage einige Liegestützen und Kniebeugen zu machen.[52]

Also: Legen Sie die Fernbedienung beiseite, erheben Sie sich vom Sofa und beschäftigen Sie sich ein wenig mit Hausarbeit oder Reparaturarbeiten. Ihr Haus wird es Ihnen danken, und außerdem wird Ihnen ein längeres Leben beschieden sein.

Ein großartiger Vater

Jemand sagte einmal: „Stecken Sie einen Jungen mit dem richtigen Mann zusammen, und dann geht nichts schief." Dieser Spruch trifft dort besonders zu, wo der „richtige Mann" der eigene Vater ist.

Der Einfluß eines gutes Vaters ist von unschätzbarem Wert und hat eine nachhaltige Wirkung auf spätere Generationen. Er prägt den Charakter der Kinder. Ich bin stolz, solch einen Vater gehabt zu haben. Er war ein wunderbarer Mann, nicht wegen seiner Leistung oder seiner Erfolge. Er war großartig aufgrund der Art und Weise wie er lebte und wegen seiner Hingabe an Jesus Christus und seiner Liebe zu seiner Familie.

Mein Vater starb 1977, und noch heute vermisse ich ihn. Ich werde jenen Anruf nie vergessen, als ein Geistlicher mir sagte, mein Vater habe einen schweren Herzanfall erlitten und werde die Nacht wohl nicht überleben. Auf dem Flug nach Kansas City dachte ich zurück an die unglaublich schönen Zeiten, die wir zusammen verbracht hatten. Wie viele glückliche Augenblicke hatte es doch in meiner Kindheit gegeben!

Wir brachen im Winter morgens sehr früh auf und fuhren in unserer Jagdkleidung zu unserem Lieblingsplatz dreißig Kilometer weit entfernt von der Stadt. Dort angekommen, kletterten wir über einen Zaun und folgten kilometerweit einem kleinen Bach bis zu einem Gebiet, das ich den „großen Wald" nannte, weil die Bäume für mich so riesengroß aussahen. Mein Vater ließ mich Platz nehmen unter einem umgefallenen Baum, der ein Versteck bildete, und dort warteten wir auf den Sonnenaufgang. Dort draußen in den Wäldern entfaltete sich vor unseren Augen ein Naturschauspiel. Eichhörnchen, Backenhörnchen und alle Arten von Vögeln traten unmittelbar vor uns auf die Bildfläche. Diese Augenblicke mit meinem Vater waren unbezahlbar für mich. Gespräche wurden dort geführt, die sonst nie geführt worden wären. Wie hätte ich mit einem Vater lange zürnen können, der sich Zeit für mich nahm? Der Austausch, der dort draußen stattfand, weckte in mir den Wunsch, so zu sein wie er, seine Wertmaßstäbe zu übernehmen, mir seine Träume zu eigen zu machen und seinen Gott zu meinem Gott zu erklären. Sein alles durchdringender Einfluß bewegt mich auch heute noch.

Darin liegt die geheimnisvolle Kraft eines Mannes, der es versteht, sein Kind auf den richtigen Weg zu setzen. Es gibt meines Erachtens in der ganzen Bannbreite menschlicher Erfahrungen keine weisere Investition.

Hausschulen

Als unsere Kinder klein waren, taten meine Frau und ich alles, um ihnen eine gute Schulbildung zu ermöglichen. Damals gab es nur zwei Optionen: Öffentliche Schulen oder Privatschulen. Heute gibt es eine dritte Alternative, über die sich nachzudenken lohnt.

Das Unterrichtswesen mit der größten Wachstumsrate in der ganzen Welt ist heute das „Hausschulen"-Phänomen. Mehr als 1,5 Millionen amerikanische Eltern und Millionen Eltern in anderen Ländern ziehen es vor, ihre Kinder zu Hause zu unterrichten, und zwar nicht nur für die Dauer von zwei oder drei Jahren, sondern in Einzelfällen bis zu zwölf Jahren.[53] Diese Option besteht inzwischen lange genug, um einem Vergleich standzuhalten, und die Resultate sind erstaunlich.

Universitäten und Hochschulen sehen sich der ersten großen Welle von jungen Menschen gegenüber, die zu Hause unterrichtet wurden, und einige davon zählen zu den begabtesten und zufriedensten. Einschlägige Tests bestätigen den Erfolg des Unterrichts im häuslichen Umfeld. Einige Kritiker mahnen, die Kinder aus dieser Unterrichtsform würden sich möglicherweise nicht richtig integrieren lassen, doch auch in diesem Punkt hat sich die Sorge als unbegründet erwiesen. In fast jeder größeren Stadt gibt es Hausschulenverbände mit vielerlei Programmen, Sport- und Musikgruppen sowie Wanderangeboten, um die Kinder miteinander vertraut zu machen.

Zugegebenermaßen ist das System der Hausschulen nicht für jedermann geeignet, doch für die, die bereit sind, den Preis zu zahlen, ist diese dritte Option eine kommende Idee.

Der Steinmetz

Die Zeitschrift *Smithsonian* berichtete einmal von einem Steinmetzmeister aus England namens Simon Verity, der es sich zur Aufgabe gemacht hatte, in Großbritannien Kathedralen aus dem dreizehnten Jahrhundert wiederherzustellen.

Beim Zuschauen stellten die Autoren des Artikels etwas sehr Interessantes fest, nämlich folgendes: „Verity lauscht angespannt auf das Lied des Steins, den er mit vorsichtigen Schlägen bearbeitet. Ein fest klingender Schlag bedeutet, daß alles in Ordnung ist. Ein hoher Ping-Ton läßt auf eventuelle Schwierigkeiten schließen. Es könnte ein Stück Stein abbrechen. Ständig verändert Verity die Stellung der Meißel und die Stärke des Schlages auf den Meißelkopf, wobei er häufig innehält, um seine Hand über die frischgemeißelte Oberfläche gleiten zu lassen.“ [54]

Verity war sich der Schwere seiner Aufgabe bewußt. Ihm war klar, daß eine einzige falsche Bewegung eine verheerende Wirkung hätte und dadurch ein nicht wiedergutzumachender Schaden an seinem Kunstwerk entstehen würde. Der Erfolg seiner Arbeit beruhte auf seiner Fähigkeit, die Zeichen zu deuten, die seine Steine abgaben.

In ähnlicher Weise müssen Eltern bereit sein, die eigene Fähigkeit zuzuhören zu schulen, besonders dort, wo es um Disziplin und Führung geht. Es bedarf großer Geduld und großen Einfühlungsvermögens, um die Reaktionen und Antworten der Kinder zu deuten. Wenn Sie sorgfältig zuhören, werden Sie von Ihren Kindern erfahren, was sie gerade denken und fühlen.

Für das Gelingen einer Aufgabe, sei es das Formen eines kindlichen Charakters oder das Behauen eines Steins, ist das Geschick von entscheidender Bedeutung. Das Abschleifen durch den Bildhauermeister sorgt dafür, daß ein Meisterwerk der Kunst entsteht.

Freiheit und Respekt

Es hat einmal jemand gesagt: „Wenn Sie etwas lieben, lassen Sie es los. Wenn es zu Ihnen zurückkehrt, dann gehört es Ihnen fürs Leben. Kommt es nicht zurück, dann hat es Ihnen erst gar nicht gehört." Dieses Sprichwort ist von außerordentlicher Bedeutung für diejenigen, die sich verliebt haben. Ich will das näher erläutern.

Einige Menschen haben emotional ein derart großes Loch, daß sie die allgemein gültigen Prinzipien der Freiheit und des Respektes dem anderen gegenüber über Bord werfen. Sie betteln, heulen und ringen um Anerkennung und Liebe. Wer so zu reagieren beginnt, zerstört das, was von der Beziehung noch übrig ist. So wie ein Ertrinkender nach allem greift, das auf der Wasseroberfläche zu sehen ist, einschließlich dem Retter, so versucht ein von Verlustängsten geplagter Liebender oft denjenigen festzuhalten, der den Versuch unternimmt zu entkommen. Diese andere Person versucht daraufhin Hals über Kopf zu entfliehen!

Ich hörte von einem jungen Mann, der es sich in den Kopf gesetzt hatte, die Liebe eines Mädchen zu gewinnen, das ihn nicht einmal sehen wollte. Er beschloß, ihr Herz auf dem Postweg zu erreichen. Und so begann er täglich einen Liebesbrief zu schreiben. Als sie nicht darauf reagierte, erhöhte er die Zahl seiner Briefe auf drei Stück alle vierundzwanzig Stunden. In einem einzigen Sommer schrieb er mehr als siebenhundert solcher Briefe. Sein Plan ging nicht auf. Es kam alles ganz anders. Sie heiratete nämlich den Briefträger! So kann es mit romantischer Liebe gehen. Übermäßiger Eifer und übertriebener Einsatz hat eine abschreckende Wirkung und verhindert sogar jede echte Beziehung.

Eine Liebesbeziehung kommt im Gegensatz zu anderen Dingen im menschlichen Leben am schnellsten dort zustande, wo man sich am wenigsten anstrengen muß. Respekt vor dem anderen ist eine Grundvoraussetzung für die Liebe. Wer nach der großen Liebe Ausschau hält, will deshalb lieber erst einmal schnuppern, ehe er sich endgültig ködern läßt.

Die Männer im Bürgerkrieg

Eine der faszinierendsten Aspekte des amerikanischen Bürgerkrieges ist die Härte und die Entschlossenheit sowohl auf seiten der Yankees als auch auf seiten der Rebellensoldaten. Ihr Leben war eine einzige Entbehrung. Überall lauerten Gefahren unvorstellbaren Ausmaßes. Die Truppen mußten wochenlang marschieren, ehe sie sich ohne jegliche Pause in die Schlacht stürzten. Das Kämpfen dauerte tagelang an. Sie verbrachten die schlaflosen Nächte auf nacktem Boden liegend, oft von Eisregen oder Schneefällen überrascht. Zu essen gab es eine trockene Keksmasse, die die Eingeweide aufrauhte und bei den Soldaten zu Unterernährung führte.

Die Männer standen im Kampf ihrem Gegner unmittelbar gegenüber, und man schlachtete sich gegenseitig ab wie Tiere. Nach einer besonders blutigen Schlacht im Jahre 1862 blieben im Umkreis von drei Quadratkilometern fünftausend Leichen zurück. Oft blieben die Verwundeten zwölf bis vierzehn Stunden lang dort liegen, wo sie gefallen waren, und ihr Stöhnen und ihre Schmerzensschreie waren markerschütternd.[55]

Es liegt mir fern, den Krieg zu verherrlichen. Ich bewundere nur, daß die Truppen unter diesen verheerenden Umständen nicht zusammenbrachen. Der Grund dafür war, daß sie bereit waren, Leib und Leben einzusetzen – die Armee der Yankees genauso wie die Armee der Rebellen, und nichts hätte sie von ihrer Sache abhalten können.

Ich frage mich, ob die heutige Generation mit ihrer Wohlstandsmentalität solche oder ähnliche Opfer bringen würde, wenn es darum ginge, das Liebste zu verteidigen. Würde ich es tun? Würden Sie es tun?

Babys und was sie brauchen

Im dreizehnten Jahrhundert führte König Friedrich II. ein Experiment mit fünfzig Babys durch, um festzustellen, welche Sprache sie sprechen würden, wenn sie kein einziges gesprochenes Wort zu hören bekamen. Er bestimmte Ziehmütter, die die Kinder badeten und fütterten, sie jedoch nicht liebkosen oder streicheln durften und kein Wort mit ihren Zöglingen sprechen sollten. Das Experiment mißglückte, weil alle fünfzig Babys starben. Hunderte von Jahren später haben wir in Erfahrung gebracht, daß Babys, die keine Berührung erfahren und nicht gedrückt werden, oft nicht gedeihen.

Vor kurzem stieß man auf ein weiteres Beispiel vernachlässigter und mißhandelter Kinder. Mary Carlson, eine Forscherin an der Medizinischen Fakultät in Harvard, stellte in einem überbelegten rumänischen Waisenhaus, wo die Babys reihenweise vernachlässigt in ihren Bettchen lagen, Untersuchungen an. Das Personal war hoffnungslos überarbeitet, so daß die Babys selten berührt wurden, selbst bei den Mahlzeiten nicht. Was Carlson so bewegte, war die Stille im Babyzimmer. Man hörte weder Weinen noch Plappern, nicht einmal ein Wimmern. Die Untersuchungen an den Zweijährigen ergab, daß sich im Blut dieser Babys ungewöhnlich hohe Mengen des Streßhormons Cortisol befanden, das bekanntermaßen Gehirnschäden hervorruft. Das Wachstum war eingeschränkt, und die Kinder benahmen sich wie halb so alte Kinder.[56]

Es reicht nicht aus, Kinder zu füttern, anzuziehen und ihren körperlichen Bedürfnissen nachzukommen. Heute ist bekannt, daß Berühren und liebevolle Pflege entscheidend für das Überleben sind.

Vorboten einer Krankheit

Wir haben uns damit befaßt, wie unglaublich verletzlich Säuglinge und Kleinkinder sind. Untersuchungen der vergangenen Jahre haben mehrfach bestätigt, daß Hautkontakt und emotionale Nähe in den ersten Lebensjahren für das Überleben von entscheidender Bedeutung sind.

Eine neuerliche Studie der Harvard Universität zeigt zweifelsfrei, daß sich eine gute Mutter-und-Sohn-Beziehung positiv auswirkt auf die Gesundheit des Jungen, und zwar hin zu einem Alter von vierzig oder fünfzig Jahren. Erstaunlich ist, daß 91 Prozent aller Collegeabsolventen, die angaben, keine enge Beziehung zu ihrer Mutter gehabt zu haben, in mittleren Jahren z. B. unter Herzkranzgefäßerkrankungen, Bluthochdruck oder Magengeschwüren litten oder alkoholkrank waren. Von den Männern, die mütterliche Wärme und Nähe gekannt hatten, zeigten nur 45 Prozent ähnliche Krankheiten. Das gleiche gilt für die Beziehung der Söhne zu ihren Vätern. Und noch eins: Einhundert Prozent der Teilnehmer an dieser Studie, deren Mütter und Väter kalt und distanziert waren, litten in mittleren Jahren unter den verschiedensten, ärztlich bescheinigten Krankheiten. Sie können sicher sein, daß die Ergebnisse ebenso auf Mädchen und Frauen zutreffen. Zusammengefaßt kann gesagt werden: Lebenslange Gesundheit kann eindeutig auf eine gute Eltern-Kind-Beziehung in frühen Jahren zurückgeführt werden.

Daraus läßt sich schließen: Wenn frühkindlichen Bedürfnissen nicht Rechnung getragen wird, stehen Probleme ins Haus.[57]

Mindy

Verglichen mit anderen Hunden war Mindy weder reinrassig noch ein Champion. Ihr Herrchen war ein Herumreisender, und so erfuhren wir nichts über ihren Stammbaum. Sie war ein kleines verängstigtes Hündchen, das an einem späten Abend vor unserer Haustür auf der Matte saß, nachdem ihre Besitzer sie mißhandelt und aus dem Auto geworfen hatten. Wir wollten eigentlich gar keinen Hund mehr, aber was tut man nicht alles!

Wir nahmen Mindy auf, und sie entpuppte sich als eine der feinsten Hündinnen, die wir je gehabt hatten. Aber Mindy konnte die durch die Mißhandlung hervorgerufene emotionale Zerbrechlichkeit nicht ablegen. Sie vertrug es nicht, ermahnt oder getadelt zu werden, wenn sie aus Versehen etwas falsch gemacht hatte. Sie sprang dann auf meinem Schoß und verbarg das Gesicht.

Einmal fuhren wir in Urlaub und ließen Mindy im Hof zurück. Ein Nachbarjunge versorgte sie zwar mit Futter, doch die meiste Zeit war sie allein. Wir hatten offensichtlich ihre Einsamkeit unterschätzt und auch das, was das Alleinsein bewirken würde. Als wir nach vierzehn Tagen zurückkamen, lag sie neben unserem Haus auf einer Decke, umgeben von ungefähr sieben alten Stofftieren, die wir in einer Schachtel in der Garage deponiert hatten. Mindy hatte sie einzeln herausgeholt und auf ihr Lager geschleppt. So sehr hatte sie sich nach Freunden gesehnt!

Wissen Sie, wenn Hunde sich so sehr nach Liebe und Angenommensein sehnen, wievielmehr die Kinder? Es ist unsere Aufgabe als Erwachsene, dafür zu sorgen, daß jedes von ihnen die Sicherheit und Liebe erhält, die es nötig hat.

Opferrolle

Haben Sie schon einmal gemeint, die ganze Welt habe es auf Sie abgesehen und keiner gebe Ihnen eine echte Chance? Haben Sie schon einmal gesagt: „Wie konnte ich es auch anders erwarten? Bei mir läuft einfach alles schief."

Diese negative Einstellung findet man bei Menschen, die unter schweren Krankheiten, Mißhandlungen oder Behinderungen zu leiden haben. In den letzten Jahren hat sich aber eine bestimmte Gesinnung eingeschlichen. Immer mehr Amerikaner fühlen sich ungerecht behandelt, so als habe es jemand auf sie persönlich abgesehen. Je mehr Einzelpersonen sich in der Opferrolle sehen, desto mehr staut sich ihre Wut aufeinander.

Gehen wir einmal auf die Gruppen ein, die sich diskriminiert fühlen. Hier in Amerika sind es Amerikaner spanischen Ursprungs, Afro-Amerikaner, Asiaten, Juden, gebürtige Amerikaner, Frauen, Kinder, alte Menschen, kranke Menschen, Menschen mit geringen Bildungschancen und jetzt sogar weiße Männer, die keinen Grund haben, sich diskriminiert zu fühlen. Alle nehmen die Opferrolle ein.

Natürlich führen Diskriminierung, Rassismus, Sexismus und Ausgrenzung von alten Menschen in unserem Kulturkreis immer noch zu ernsthaften Probleme, und natürlich müssen wir etwas dagegen tun. Ich möchte die Auswirkung dieser Problematik auf die Gesellschaft auch nicht unterschätzen, aber es bringt nichts, zu meinen, auf irgendeine Art und Weise bekäme man immer „eine ausgewischt".

Diese Gesinnung ist demoralisierend, emotional lähmend und führt zu der Einstellung: „Wozu der Quatsch? Ich bin eben ein Verlierer!"

Eleanor Roosevelt, die einige sehr schwere Dinge in ihrem Leben zu bewältigen hatte, sagte einmal: „Nur wer will, hat Minderwertigkeitsgefühle."[58] Das stimmt wirklich. Nur Sie allein können Ihr Selbstwertgefühl in Frage stellen!

Plötzlicher Kindstod

Das tragische Phänomen des plötzlichen Kindstods dürfte Ihnen bekannt sein. Noch heute sterben in den Vereinigten Staaten allein ungefähr 6000 Babys jährlich daran.[59]

Dieser Tod hält die medizinische Forschung in Atem, doch jetzt hat eine Studie der amerikanischen Verbraucherkommission in Zusammenarbeit mit Forschern der Universität von Maryland und der Washingtoner St. Louis Universität Licht in die Sache gebracht. Der Seuchenfacharzt, der die Untersuchung leitete, Dr. N. J. Shear, sagte: „Wir haben für den plötzlich auftretenden Kindstod keine Ursache gefunden, doch unsere Ergebnisse zeigen, daß spezifische Bettwäscheteile, wie sie in den Vereinigten Staaten verwendet werden, z. B. kleine Decken und Kissen, ein erhöhtes Todesrisiko für schlafende Kinder darstellten, wenn sie sich über das Gesicht legten."

Das heißt, daß Babys nicht auf dem Bauch liegend auf weiche Bettunterlagen gebettet werden sollten. Diese Vorsichtsmaßnahme wird die Wahrscheinlichkeit verringern, daß die Kinder das von ihnen ausgestoßene Kohlendioxyd wieder einatmen, das sich in Kopfnähe in den Decken und Kissen verfängt. Bei 30 Prozent der 206 durch Kindstod gestorbenen Babys dieses Forschungsprojektes lag die Bettwäsche eng an den Mund- und Nasenbereich gepreßt. Ärzte raten den Eltern heute, ihre Kinder nicht auf den Bauch, sondern auf den Rücken zu legen und nur ein absolutes Minimum an locker ausgelegter Bettwäsche im Kinderbett zu lassen.[60]

Dieser Rat wird nicht alle Fälle von Kindstod verhindern, doch er könnte Hunderten, wenn nicht gar Tausenden von Babys jährlich das Leben retten.

Unternehmensgründung in den eigenen vier Wänden

Für viele Familien mit dem Wunsch nach mehr Einkommen bietet eine Unternehmensgründung in den eigenen vier Wänden verlockende Möglichkeiten. Kann man zu Hause arbeiten, gleichzeitig auf die Kinder aufpassen und andere Aufgaben bewältigen, ohne dabei den Verstand zu verlieren? Ja, man kann.

Partyservice, Verfassen von Manuskripten, Haustierbetreuung, Nähen, beratende Dienste, Bearbeiten von Dokumenten und Katalogverkauf – all das kann von zu Hause aus getätigt werden.

Welche Berufssparte für Sie in Frage kommt, sollte als erstes entschieden werden. Donna Partow sagt in ihrem Buch *Homemade Business* [61], man könne sein eigenes Unternehmen starten, wenn man zunächst seine persönlichen Fähigkeiten und Interessen unter die Lupe nimmt, um besondere Stärken und Berufswünsche herauszufiltern. Dann gilt es genaue Erkundigungen einzuziehen. In einer Bücherei kann man sich einschlägiges Material besorgen. Schlagen Sie in Büchern, Zeitschriften und Zeitungsartikeln nach. Sprechen Sie mit anderen Menschen, die das, was Ihnen vorschwebt, schon ausprobiert haben. Melden Sie sich bei der Handelskammer und schließen Sie sich dann an ein Network an. Abonnieren Sie entsprechende Veröffentlichungen etc.

Laut Donna Partow besteht der dritte Schritt darin, so viel Unterstützung zu bekommen wie möglich. Wecken Sie das Interesse Ihrer Kinder, Ihres Ehepartners und Ihrer Freunde für Ihre Sache. Ein eigenes Kleinunternehmen zu starten kann mit Streß verbunden sein, und dann brauchen Sie soviel Ermutigung wie möglich.

Wenn Sie hin und her gerissen sind zwischen Familie und Finanzen, dann mag die Lösung, in den eigenen vier Wänden ein kleines Unternehmen zu starten, das Beste für Ihre Familie und Ihre Finanzen sein.

Meine Freundin Wendy

Es war 1983. Ich hatte mich mit einer jungen Dame verabredet, die um ein Gespräch gebeten hatte. Ich ahnte nicht, daß ich eine der unvergeßlichsten Menschen kennenlernen sollte, die mir je begegnet waren.

Wendy Bergren, Mutter von drei wunderschönen Töchtern, hatte Brustkrebs und wußte, daß sie sterben würde. Die Ärzte bescheinigten ihr, daß die Krankheit im fortgeschrittenen Stadium war, und rieten ihr, sich zu Hause in Ruhe auf den Tod vorzubereiten. Doch Wendy nahm ihren Rat nicht an. Sie suchte Fachärzte auf und bat um eine aggressive Chemotherapie, um Bestrahlung oder sonst etwas, das ihr ein wenig das Leben verlängern konnte. Sie akzeptierte die Tatsache, daß sie sterben würde, doch diese junge Mutter war fest entschlossen, so lange am Leben zu bleiben, bis sie wußte, daß ihr neugeborenes Kind sie später in Erinnerung behalten konnte. Trotz der Strapazen, die folgten, ließ sich Wendy weder zu Depression noch Verzweiflung hinreißen. Sie konzentrierte sich nicht auf ihre eigene Person, sondern auf ihre Kinder und andere, die in schwierigen Situationen steckten. Sie veröffentlichte ein kleines Büchlein mit zwanzig praktischen Vorschlägen, wie man andere Familien in Krankheitsnöten helfen konnte. Wendy kümmerte sich bis zuletzt um Menschen, die es schwer hatten.

Meine junge Freundin starb am 12. Februar 1985, mutig bis zum Ende. Wendy hinterließ einen liebevollen Ehemann namens Scott und drei wunderschöne, gesunde Mädchen. Sie sind inzwischen fast erwachsen. Diesen Abschnitt möchte ich Chrissy, Casey und Dianna widmen.

Hilfe für eine kranke Mutter

In dem vorhergehenden Aufsatz schrieb ich über eine erstaunliche junge Frau namens Wendy Bergren, die Brustkrebs im Endstadium hatte. Im Laufe ihrer furchtbaren Qualen schrieb sie aus ihrer eigenen Erfahrung heraus ein kleines Büchlein mit Ratschlägen für Freunde und Verwandte von Müttern mit Krebs. Darin zählte Wendy zwanzig Vorschläge auf, mit Hilfe derer man kranken Müttern und ihren Familien helfen kann, wenn lähmende Krankheitszustände anhalten.

Zum Beispiel schlug Wendy vor, daß Freunde der Familie bereits eingepackte Geschenke bereithalten können, damit die Kinder einer kranken Mutter Geburtstagseinladungen annehmen können. Sie schlug vor, man könne Kuchen- bzw. Gebäckteig fertigmachen und eingefroren bei den kranken Müttern abgeben, damit diese dann ihren Kindern später einmal etwas frisch Gebackenes zubereiten kann.

Wendy schreibt in dem Büchlein, daß Freunde auch mit der Kranken über die Zukunft sprechen sollten. „Sprechen Sie über die nächste Woche. Über das nächste Jahr, die nächsten zehn oder zwanzig Jahre! Die Kraft, die im Vorausplanen liegt, ist unglaublich. Sprechen Sie mit mir über den Schulabschluß meiner Jüngsten, und es gelingt mir dann, die nächste Woche zu überstehen. Schaffen Sie Reisebroschüren herbei, damit ich meine Silberne Hochzeitsreise planen kann, oder diskutieren Sie mit mir über meine nächste Frisur, wenn die Haare wieder nachgewachsen sind. Wenn *Sie* nach vorne schauen, dann kann ich es auch."

In Wendys Büchlein gab es weitere siebzehn Vorschläge, doch der Leser wird schon die Botschaft dahinter verstanden haben. Wendy wollte einfach ihre Erfahrungen weitergeben. Diese mutige Frau brachte gegen Ende ihres Lebens vielen Menschen Trost und Liebe.

Es gibt keine Wendy Bergren mehr, aber sie wird unvergessen bleiben.[62]

Die feine Kunst der Unterhaltung

Erhalten Sie von Ihren Kindern allzu oft einsilbige Antworten auf Ihre Fragen? Haben Sie es satt, wenn Sie auf die Frage, wie es Ihrem Sohn beim Fußballtraining ergangen ist, die Antwort erhalten: „Gut." Sie fragen sich und dann ihn, wie es wohl in der Schule gelaufen sei und erhalten zur Antwort: „Gut." Ende des Gesprächs.

Für solche Fälle habe ich einen Vorschlag für Sie. Ich bin einmal über eine einfache, aber wirkungsvolle Methode gestolpert, wie man Kindern die Kunst der Unterhaltung beibringen kann. In einer Frauenzeitschrift fand ich einen Artikel von Sybil Ferguson, der mir half, meinen eigenen Kindern etwas beizubringen. Hoffentlich ist Ihnen damit auch geholfen.

Geben Sie Ihrem Kind drei Tennisbälle und bitten Sie es, Ihnen die Bälle einzeln zuzuwerfen. Anstatt die Bälle zurückzugeben, behalten Sie die Bälle in Ihrer Hand. Ihr Kind wird Sie komisch ansehen und sich fragen, was Sie von ihm erwarten. Was soll das denn für ein Spiel sein? Dann erklären Sie dem Kind, daß eine gute Unterhaltung wie ein Ballspiel ist. Jemand wirft dem anderen einen Gedanken oder eine Meinung zu und bekommt etwas zurück. Miteinander reden ist wie ein Hin- und Herwerfen von dem, was man fühlt oder denkt.

Wenn ich z. B. meine Tochter frage: „Wie war's heute in der Schule?" und sie antwortet: „Gut", dann hat sie den Ball gefangen und in der Hand gehalten, ohne ihn zurückzuwerfen. Ende des Spiels. Antwortet sie jedoch: „Heute ging alles glatt, ich habe eine Eins in Geschichte gekriegt", dann hat sie den Ball gefangen und zurückgeworfen. Dann kann ich fragen: „War die Arbeit schwierig?" oder „Hattest du eigentlich viel dafür gelernt?" oder „Na, da kannst du aber stolz auf dich sein"! [63]

Um Ihren Kindern beizubringen, wie man sich einander mitteilt, müssen Sie ihnen einfach zeigen, wie man einen Ball fängt und zurückwirft. Jedes kleine Kind kann das verstehen. Man muß nur mitspielen.

Raubtiere unterwegs

Vor einigen Jahren besuchten meine Familie und ich in Tansania das großartige Wildreservat der Serengeti. Es hatte den ganzen Tag über geregnet, und wir erreichten nach einiger Zeit eine beinahe unpassierbare Wegstrecke. Wir hatten die Wahl zwischen zwei lehmigen Pfaden, wußten aber absolut nicht, welches der richtige war. Wenn wir den falschen einschlugen und irgendwo im Schlamm steckenblieben, würden wir die Nacht dort ohne Essen, Wasser oder Toiletten verbringen müssen. Da bot unser siebzehnjähriger Sohn Ryan seine Hilfe an.

„Ich laufe vor und sehe mir beide Pfade an", meinte er. „Dann winke ich euch zu, damit ihr wißt, welches der bessere ist."

Der Missionar, in dessen Begleitung wir uns befanden, sagte: „Hm, Ryan, das ist keine so gute Idee. Du weißt doch gar nicht, was dort im hohen Gras auf dich warten könnte."

Schließlich entschieden wir uns für den einen Pfad, der einen besseren Eindruck machte. Doch als wir an die Stelle kamen, wo die beiden Pfade zusammenliefen, lag im hohen Gras unmittelbar neben dem Pfad ein großer Löwe. Er rollte mit den gelben Augen und schien uns herauszufordern. Ryan sah den Löwen und stimmte uns zu, daß es wohl besser sei, im Auto zu bleiben.

Im übertragenen Sinne beschreibt unser Erlebnis in der Serengetisteppe den Übergang eines heranwachsenden jungen Menschen ins Erwachsenenalter. Für einige verläuft die Reise problemlos und glatt.

Doch eine überraschend große Anzahl von Teenagern in dieser noch nicht abgeschlossenen Entwicklungsphase begegnet unerwarteten „Schlammlöchern", durch die sie in die Falle gelockt und gefangen gehalten werden. Andere wiederum fallen lauernden Gefahren zum Opfer. Als Gefahrenzonen entpuppen sich Alkohol und Drogen, die Wahl eines falschen Partners, unerfüllte Wunschträume, Selbstmord, Totschlag oder andere kriminelle Taten.

Es ist leider nicht schwer, in jungen Jahren sehr große Fehler zu begehen. Wenn man an die Raubtiere denkt, die auf Opfer lauern, ist es für uns Eltern nur allzu angebracht, dicht neben unseren Söhnen und Töchtern zu bleiben, wenn sie die Reise in das Erwachsenenleben antreten.

„Aber, Papa ...“

Der folgende Brief eines vierzehnjährigen Mädchens wurde in einer amerikanischen Zeitschrift veröffentlicht. Es geht darin um ihren Vater, und ich möchte ihn so wie er ist an Sie weitergeben:

> Als ich zehn Jahre alt war, ließen sich meine Eltern scheiden. Natürlich war es mein Vater, der mir das sagte, denn ihn mochte ich lieber.
>
> „Schatz, ich weiß, daß du es die letzten Tage schwer gehabt hast, und ich will dir die Sache nicht noch schwerer machen. Schatz, deine Mutter und ich haben uns scheiden lassen.“
>
> „Aber, Papa ...“
>
> „Ich weiß ja, daß dir das nicht gefällt, aber es mußte einfach sein. Deine Mutter und ich verstehen uns nicht mehr so wie früher. Ich habe alles gepackt, und in einer Stunde fliege ich ab.“
>
> „Aber, Papa, warum mußt du fortgehen?“
>
> „Nun, Kind, versteh' doch, deine Mutter und ich können nicht mehr zusammenleben.“
>
> „Das weiß ich doch, aber ich meine, warum mußt du denn die Stadt verlassen?“
>
> „Ach ja, weißt du, auf mich wartet jemand in New Jersey“.
>
> „Aber, Papa, dann sehe ich dich doch nie wieder!?“
>
> „Aber natürlich, Schatz. Wir kriegen das schon irgendwie hin.“
>
> „OK, Papa. Tschüß. Vergiß nicht zu schreiben.“
>
> „Nein, tu ich nicht. Tschüß. Jetzt geh in dein Zimmer.“
>
> „Papa, ich will aber nicht, daß du gehst.“
>
> „Das weiß ich, Schatz, aber ich muß gehen.“
>
> „OK. Na, so ist das Leben wohl nun einmal.“
>
> Mein Vater ging durch die Tür. Ich habe nie mehr von ihm gehört.[64]

Ich habe diesem Brief nichts mehr hinzuzufügen. Das Mädchen aber könnte noch viel sagen!

Das Erbe einer Scheidung

Wie verkraften Kinder die Auflösung ihrer Familie? Die Forschungsergebnisse darüber dürften Sie überraschen. Die kalifornische Psychologin Judith Wallerstein ist einer der geachtetsten Kapazitäten auf dem Gebiet der Scheidungen. Sie hat zahlreiche Bücher und Artikel zu diesem Thema verfaßt, einschließlich einer vor kurzem herausgegebenen Untersuchung, die allen Eltern zugänglich gemacht werden sollte.

Wallerstein hat im Laufe der letzten fünfundzwanzig Jahre Hunderte von Scheidungskindern befragt und ihre Lebensgeschichte von der Kindheit an durch das Teenagealter und später durch ihr Erwachsenenleben hindurch aufgezeichnet. Ihre Untersuchungsergebnisse sind entmutigend.

Wallerstein hat herausgefunden, daß durch eine Scheidung der Eltern entstandene Trauma die Kinder lebenslang begleitet und sie dadurch größere Schwierigkeiten haben, Herausforderungen und Probleme zu bewältigen. Das Teenagealter und die Zeit als junger Erwachsener sind ganz besonders streßvolle Zeiten. Später werden auch Liebesbeziehungen von den Erinnerungen an die Scheidung beeinflußt.

Zusammengefaßt sagt Wallerstein: „Das Leiden eines Kindes erreicht nicht wie bei einem Erwachsenen seinen Höhepunkt bei der eigentlichen Trennung und später dann in ständig schwächer werdender Form. Die Auswirkungen der elterlichen Scheidung werden bei dem betroffenen Kind in den ersten drei Jahrzehnten des Lebens immer und immer wieder in der Erinnerung nachvollzogen.“ [65]

Wenn Sie und Ihr Ehepartner vor einer Scheidung stehen, dann sollten Sie wenigstens die Konsequenzen dieser Entscheidung für das schwächste Familienglied überdenken. Die Forschungsergebnisse haben gezeigt, daß das Kind nie mehr dasselbe sein wird.

Alkoholsyndrom bei Ungeborenen

Babys und Kinder, deren Mütter im Laufe der Schwangerschaft im Übermaß Alkohol zu sich nehmen, leiden unter dem sogenannten Alkoholsyndrom bei Ungeborenen. Bedauerlicherweise kann der Schaden im Laufe der gesamten neun Schwangerschaftsmonate entstehen, besonders allerdings während der ersten drei Entwicklungsmonate. Alkohol im Blut der Mutter zu dieser Zeit kann verheerende Folgen haben, einschließlich Besonderheiten am Herzen, Funktionsstörungen des zentralen Nervensystems, Kopf- und Gesichtsanomalien und lebenslange Verhaltensstörungen. Man hält tragischerweise das Alkoholsyndrom bei Ungeborenen möglicherweise für die Hauptursache einer geistigen Retardierung.[66]

Im Alten Testament wird dieser Zusammenhang angesprochen. Vielleicht erinnern Sie sich an die Geschichte von Simson, der seine Feinde, die Philister, durch enorme Kraftbezeugungen terrorisierte. Seine Mutter wurde vor seiner Geburt von einem Engel davon unterrichtet, daß ihr Kind zur Größe bestimmt sei und sie seine Gesundheit nicht durch das Einnehmen alkoholischer Getränke während der Schwangerschaft aufs Spiel setzen solle.[67] Der Engel wußte schon, wovon er sprach! Die medizinische Wissenschaft hat inzwischen die Weisheit dieses Rates bestätigt. Überall, wo alkoholische Getränke, Bier und Wein in den Staaten verkauft werden, hängt auf Verlangen des Gesetzes eine Warnung an schwangere Frauen aus.

Wenn Sie schwanger sind oder eine Schwangerschaft planen, dann gehen Sie bitte keine Risiken im Hinblick auf die Zukunft Ihres Kindes ein. Es gibt keine sichere Alkoholgrenze. Verzichten Sie während der gesamten Schwangerschaft auf jeglichen Alkohol. Sie und Ihr Baby werden davon profitieren.

Weshalb sie töten

In den vergangenen Jahren hat man intensive Anstrengungen unternommen, um herauszufinden, weshalb so viele Teenager in den Großstädten oft in unvorstellbarem Maße brutal sind. Was wir heute erleben, unterscheidet sich vom kriminellen Verhalten der Vergangenheit.

Heute verüben junge Menschen schreckliche und sinnlose Gewalttaten ohne jegliche Reue, so wie die beiden Jungen im Alter von zwölf und dreizehn Jahren, die einen Mann vor einem Geschäft zu Tode prügelten, weil es ihnen Spaß machte, ihn sterben zu sehen. Ein anderer Junge erschoß einen Mann, der in seinem Auto vor einer roten Ampel anhielt. Als man ihn nach dem Grund fragte, sagte der Junge: „Weil er mich so angestarrt hat.“ [68]

Nach ausführlichen Untersuchungen sind Wissenschaftler zu dem Schluß gekommen, daß gewalttätiges Verhalten oft im Zusammenhang steht mit frühkindlicher Mißhandlung und Vernachlässigung. Babys, die drei Tage oder noch länger in schmutzigen Windeln verbringen müssen oder Brandverletzungen zugefügt bekommen, geschlagen oder links liegen gelassen werden, weisen in ihrem Blut Streßhormone wie z. B. Kortisol, Adrenalin o. ä. auf. Diese Hormone bombadieren geradezu das kindliche Gehirn und richten Schaden an. Für den Rest ihres Lebens denken und fühlen sie nicht, was andere denken und fühlen. Sie verlieren buchstäblich die Fähigkeit, Mitgefühl mit denen zu empfinden, die leiden.[69]

Die zwingende Folge davon ist, daß Babys und Kleinkinder zwischen ihrer Geburt und dem dritten Lebensjahr unwahrscheinlich verletzlich sind. Wenn ihre Familien sie nicht schützen und für sie sorgen, dann wird die Gesellschaft in der Zukunft den grausamen Preis dafür zahlen müssen.

Vier gegen vier

Basketball ist immer etwas gewesen, wofür ich geschwärmt habe, obgleich ich nie besonders geschickt darin war. Doch vor einiger Zeit, im Alter von fünfzig Jahren, hatte ich die Gelegenheit meines Lebens. Meine Freunde und ich besuchten eine Konferenz in Laguna, Kalifornien, eine von Surfern und Sonnenanbetern heimgesuchte Stadt direkt am Meer. Während einer Nachmittagspause kam einer von uns vier alten Daddies auf die Idee, zum Strand zu laufen und auf einem der Basketballfelder die jungen Heißblüter zu einem Spiel herauszufordern. Das war natürlich eine dumme Idee, aber wir zogen dennoch los.

Als wir ankamen, saßen ungefähr dreihundert Zuschauer auf der Tribüne und warteten auf die Viermannteams, die gegen die großen Champions antreten wollten. Wir stellten uns in die Warteschlange der antretenden Teams. Dann verbreitete sich ein Gerücht über die vier alten Knacker und wer sie in Wirklichkeit waren. Einige meinten, wir seien in Wirklichkeit Talentsucher für die Nationale Basketballvereinigung, andere meinten, wir seien Trainer von bestimmten Vereinen. Weshalb sollten wir denn sonst antreten? Was mich betrifft, ich bin noch nie in meinem Leben so aufgeregt gewesen wie damals, als wir darauf warteten, gegen die Champions anzutreten.

Als wir endlich das Feld betraten, passierte das Unmögliche. Wir gerieten in Fahrt und trafen alle Bälle. Innerhalb von zwei Minuten war der Spielstand acht zu null für uns. Die Menge tobte, und von allen Seiten strömten die Zuschauer herbei. Noch drei Punkte, und wir hätten ein Jahrhundertereignis verursacht, doch dann setzte die Wirklichkeit ein, und wir verloren das Spiel acht zu elf Punkten.

Schade, daß sportliche Unsterblichkeit an einem seidenen Faden hängen muß. Lediglich drei lausige Punkte fehlten uns. Wie dicht sind Sie schon am Sieg gewesen?

Weihnachtsglocken

John Pierpont lebte und starb als Versager. So mag ihn die Nachwelt beurteilen. Nicht daß er nicht versucht habe, ein geschichtsträchtiges Plätzchen zu finden. Er tat zwar alles mit Leib und Seele, aber es war einfach so, daß ihm nichts gelingen wollte.

Er begann seine Laufbahn nach erfolgreichem Lehrerstudium an der Yale-Universität, doch seine erste Anstellung in der Schule war nur von kurzer Dauer. John war einfach zu nachsichtig mit den Schülern. Er entschied, Rechtsanwalt zu werden. Auch das gelang ihm nicht. Er versuchte sich als Ladenbesitzer, ging jedoch bald in Konkurs. Als nächstes versuchte er sich als Dichter. Sein Stil war nicht schlecht, doch er verdiente damit nicht genügend, um seinen Lebensunterhalt zu bestreiten.

John drückte noch einmal die Schulbank, diesesmal, um Prediger zu werden. Seine erste Gemeinde bat ihn zu kündigen, und so gab er den Predigtdienst ganz auf. Für Politik hatte er sich schon immer interessiert, und so ließ er sich als Gouverneur von Massachusetts aufstellen. Er verlor haushoch. Er versuchte es als Kongressabgeordneter und verlor wieder haushoch. Dann brach der Bürgerkrieg aus, und er stellte sich als Armeegeistlicher zur Verfügung, was er jedoch nur zwei Wochen aushielt. Schließlich starb er im Alter von einundsiebzig Jahren als Angestellter im Finanzministerium.

Auf John Pierponts Grabstein steht: „Dichter, Prediger, Philosoph und Menschenfreund." Nicht schlecht. Irgendwann unterwegs auf seiner beruflichen Reise schrieb er ein einfaches Lied, das jedes dreijährige Kind singen kann.

Melodie und Text sind so fröhlich wie Weihnachten selbst. Er nannte das Lied „Jingle Bells". Es handelt von Schlitten und Pferden und Schnee und Lachen.[70]

John Pierpont ist zwar tot und begraben, aber hat endlich seine Nische gefunden.

Eine längere Aufgabe

Haben Sie einmal darüber nachgedacht, wie lange es dauert, einen Menschen von seiner Geburt an bis hin zur Reife heranwachsen zu lassen, bis er oder sie schließlich fähig ist, für sich selbst aufzukommen?

Andere Geschöpfe erledigen das viel schneller. Hamster sind bereits nach drei Wochen fertig und können für sich selbst sorgen. Kätzchen benötigen nur einige Monate; Löwenkinder sind nach zwei Jahren ausgewachsen und sorgen für ihren eigenen Lebensunterhalt. Es braucht aber mindestens zwanzig Jahre, bis Ihre Kinder ihren Lebensunterhalt verdienen und gelernt haben, nicht in Schwierigkeiten zu geraten und die normalen Entscheidungen von Erwachsenen zu treffen.

Die bekannte Autorin Elisabeth Elliot schrieb einmal: „Noch nie ist es Eltern gelungen, ihre Kinder mit Erfolg zu erziehen, ohne dafür Opfer zu bringen und Disziplin auszuüben.“ [71] Es gibt ganz einfach keine Abkürzung und kein Patentrezept für das Gelingen. Seien wir doch einmal ehrlich: Es gibt überhaupt keine Aufgabe mit größerer Verantwortung als die der Kindererziehung. Wie bei jedem anderen lohnenswerten Projekt heißt es unbedingt, bis zum Ende auszuharren.

Weshalb ich diesen Rat gebe? Weil überall Stimmen laut werden, die den Eltern weismachen wollen, es sei besser, die Sache an den Nagel zu hängen, sich nicht zu sehr zu investieren und statt dessen lieber an sich selbst zu denken. Es gibt genügend entmutigende Augenblicke auf dem Weg ans Ziel. Doch als Vater zweier erwachsener Kinder kann ich Ihnen sagen, daß Kindererziehung auf der ganzen Wegstrecke ihren Preis wert ist.

Flügge werden

Im Leben eines jeden jungen Erwachsenen zwischen sechzehn und sechsundzwanzig gibt es einen Abschnitt, der seiner Zukunft entweder eine positive oder eine negative Prägung geben wird. Diesen Abschnitt nenne ich gern „das kritische Jahrzehnt", diese zehn Jahre zwischen dem Teenagealter, in dem man noch zu Hause lebt und ißt, bis hin zu dem Zeitpunkt, an dem man als „richtiger" Erwachsener seinen eigenen Lebensunterhalt verdient und sein Leben voll in den Griff bekommen hat. Die meisten Entscheidungen, die für die nächsten fünfzig Lebensjahre ausschlaggebend sind, werden in diesem Zeitabschnitt getroffen: die Berufswahl, die Entscheidung zu heiraten oder nicht und das Festlegen von Werten und Prinzipien mit Gültigkeit für das eigene Leben.

Einigen jungen Erwachsenen fällt es leicht, diese zehn Jahre zu durchschreiten, doch andere haben bei ihren Entscheidungen und der Bewältigung ihres Lebens größere Schwierigkeiten. Sie wollen sich beruflich nicht festlegen, Ziele festlegen und anstreben, ihre Interessen kanalisieren oder bestimmen, was als nächstes an der Reihe ist. Sie bleiben im Hause ihrer Eltern, sitzen auf dem Sofa und schalten den Fernseher ein. Solche jungen Menschen möchte ich vergleichen mit einer Rakete auf ihrer Abschußrampe. Sie stehen bereit, um in die Stratosphäre hinaufkatapultiert zu werden, doch die Motoren wollen einfach nicht zünden. Bei einigen von ihnen kommt es zu einer Explosion, die alles in Schutt und Asche legt.

Es gibt Wege und Mittel, mit denen man seinen Kindern hilfreich unter die Arme greifen kann, vorausgesetzt, sie sind dazu bereit, die Hilfe ihrer Eltern anzunehmen. Man kann Termine bei Berufsberatungsstellen ausmachen, Begabungstests durchführen lassen und Information über Berufschancen einholen. Dadurch wird das Ziel besser abgesteckt. Man kann ihnen Berufspraktika vermitteln und sie in Verbindung mit Menschen bringen, die in verschiedenen Berufssparten erfolgreich tätig sind.

Der Countdown läuft. Der junge Erwachsene wird entweder explosionsartig starten oder implosionsähnlich auseinanderbersten. Welches der beiden Ereignisse eintrifft, könnte mit Ihrer Hilfe beeinflußt werden.

Kinder und Fernsehen

In den vergangenen Jahren hat es heftige Debatten über offizielle Einstufung von Fernsehprogrammen gegeben. Die Altersbegrenzung bei Filmen ist für Eltern, die ihre Kinder vor schädlichen Inhalten schützen möchten, von großer Bedeutung, und ich zähle zu denen, die glauben, daß die Kriterien für die Einstufung heutzutage völlig unzureichend sind.

Doch selbst wenn Änderungen vorgenommen werden sollten, dann gibt es immer noch einen Haken bei der Sache. Von der Firma Yankelovich Partners durchgeführte Untersuchungen zum Sozialverhalten haben die Fernsehgepflogenheiten der Amerikaner analysiert. Sie sind zu überraschenden Ergebnissen gelangt. Von amerikanischen Kindern zwischen neun und siebzehn Jahren haben zweiundvierzig Prozent ihren eigenen Kabel-, bzw. Satellitenanschluß in ihren Zimmern.[72] Das Bild einer Familie, die sich um einen einzigen Fernseher im Wohnzimmer schart, verschwindet zunehmend. Statt dessen verziehen sich viele Kinder dorthin, wo sie sich alles ansehen können, was ihnen gefällt.

Ann Clurman, einer der Partner bei Yankelovich, meinte dazu: „Fast alles, was die Kinder sehen, dringt in unzensierter und ungefilterter Form in ihre Seele ein.“[73]

Wenn man den expliziten Sex, die unverhüllte Gewalt, unverhohlene Nacktheit und die Vielzahl lästerlicher Beiträge in Betracht zieht, besonders im Kabel- oder Satellitenfernsehen, dann ist dies eine beunruhigende Aussage.

Kinder müssen vor diesen Programmen geschützt werden. Vier von zehn Elternpaaren wissen nicht, was sich ihre Kinder ansehen. Diese Situation wird uns mit Sicherheit in einigen Jahren schwer zu schaffen machen.

Kinder sagen die drolligsten Dinge

Ich liebe Kinder, Sie auch? Ich mag ihre Art zu denken, ihre Art zu sprechen, und besonders gern lese ich, was sie oder ihre Eltern mir schreiben.

So schrieb mir zum Beispiel eine Achtjährige namens Brandy einen Brief, um mir für eine Zeitschrift zu danken, die wir unter dem Namen *Clubhouse* herausgeben. Sie schrieb: „Vielen Dank, das ich im Klup sein darf, und danke auch an meine Tante. Ihr Leute seit echt net. Ich fint die zeitschrift megagut. Meine hobies sind Steinesameln und im Regenwald stehen. In der Schuhle mach ich Dicktate am liepsten."

Ein anderes kleines Mädchen kam vom Kinderarzt nach Hause und sagte ihrem Papa, daß der Arzt sie gegen „Mumps, Masern und Rebellion" (engl. „rubella"/Röteln) geimpft habe. Das wäre doch eine gute Sache, wenn man das könnte, nicht wahr?

Eine andere Mutter schrieb mir: „Vielleicht sollte es ein allgemein gültiges Wort dafür geben, wenn Kinder „auf's Töpfchen" gehen wollen. Meinem dreijährigen Sohn habe ich beigebracht, für diese Handlung zu sagen: Ich möchte mal flüstern. Vor kurzem übernachtete sein Großvater bei einem seiner Besuche bei uns. Mitten in der Nacht trottete mein Sohn an sein Bett und sagte: Opa, ich muß mal flüstern. Er meinte, der Kleine wolle etwas sagen, ohne die Oma zu wecken, und sagte: Gut, dann flüster mir ins Ohr. Was der Kleine auch tat."

Diese herrlichen Augenblicke sind es, die bei der Kindererziehung so viel Spaß machen. Wenn Ihre Kinder auch etwas Komisches oder Schlaues gesagt haben, dann würde ich mich freuen, davon zu hören.

Ein Gedicht

Vor kurzem schickte mir jemand dieses anonyme kleine Gedicht, das ich an Sie weitergeben möchte. Ich glaube, Sie werden Ihre Freude daran haben.

Wenn Sie den Tag ohne Koffein beginnen können;
wenn Sie ohne Aufputschmittel in Gang kommen;
wenn Sie immer gutgelaunt sind und alle Wehwehchen vergessen können;
wenn Sie nicht unbedingt immer jammern und andere Menschen mit Ihren Problemen langweilen müssen;
wenn Sie jeden Tag das gleiche Essen zu sich nehmen und dafür noch dankbar sein können;
wenn Sie Verständnis dafür haben, daß geliebte Menschen einmal keine Zeit für Sie haben;
wenn Sie einem Freund für seinen Mangel an Umsicht verzeihen können;
wenn es Ihnen wenig ausmacht, zu spüren zu bekommen, daß etwas schiefgegangen ist, für das Sie gar nichts können;
wenn Sie Kritik und Schuldzuweisungen ohne Murren ertragen können;
wenn Sie die mangelnde Allgemeinbildung eines Freundes ignorieren können und ihn nicht ständig korrigieren müssen;
wenn Sie darauf verzichten können, einen reichen Freund besser zu behandeln als einen armen;
wenn Sie der Welt ohne Lügen und Betrügen entgegentreten können;
wenn Sie ohne medizinische Hilfe Spannungen ertragen können;
wenn Sie sich ohne Alkohol entspannen können;
wenn Sie ohne die Zuhilfenahme von Medikamenten schlafen können;
wenn Sie von sich behaupten können, tief in Ihrem Herzen keinerlei Vorurteile zu haben im Hinblick auf Glaubensbekenntnisse, Hautfarbe, Religion oder

Politik – dann, mein Freund, sind Sie fast so gut wie
Ihr Hund.
Fast, aber nicht ganz.[74]

Dieses Gedicht ist allen Hundeliebhabern in der ganzen Welt gewidmet.

Übermütter

Seit Jahren habe ich meinem Herzen Luft gemacht, wenn es um Eltern geht, die sich aus der Verantwortung stehlen und ihre Kinder in der Zeit des Heranwachsens vernachlässigen. Dieses Problem gibt es heute unserer schnellebigen Zeit immer noch. Am anderen Ende der Skala kenne ich völlig entgegengesetzte Eltern, wenngleich ihre Zahl kleiner ist. Es handelt sich vor allem um Mütter, die von ihren Kindern geradezu besessen sind. Ihr Verantwortungsgefühl läßt ihnen keine Zeit für eigene Aktivitäten nach Feierabend, für Beziehungen oder Entspannung. Als Babysitter für ihr Kind wäre ihnen nicht einmal die verstorbene Mutter Teresa gut genug gewesen.

Ich stelle die Motive dieser besitzergreifenden Eltern nicht in Frage, aber ihre Überfürsorge kann zu schweren Problemen führen. Als erstes möchte ich sagen, daß es nicht in ihrem eigenen Interesse ist, die Kinder zum Zentrum allen Lebens zu machen. Das kann zu übermäßigem Beschützenwollen führen, zu übermäßiger Nachsicht und übermäßiger Abhängigkeit.

Zweitens rufen psychische und physische Ermüdung das sogenannte *Elternburnout* hervor. So wie eine Batterie nicht ständig angezapft werden kann, muß der menschliche Körper von Zeit zu Zeit wieder aufgeladen werden. Burnout ist für die ganze Familie destruktiv, besonders für die Kinder, denen alle Anstrengungen eigentlich gelten.

Drittens können übermäßig stark ausgeprägte Elterninstinkte, und vor allem wenn es sich um den Mutterinstinkt handelt, die Ehe zerstören. Es kommt dann eventuell dazu, daß der Vater das Gefühl hat, seine Frau werde ihm von den Kindern weggenommen. Sie dagegen denkt vielleicht, ihr Mann sei egoistisch, weil er nicht das gleiche Engagement aufbringt. So oder so entsteht zwischen ihnen ein Keil, der irgendwann einmal die gesamte Familie zerstören könnte.

Dieses Muster ist häufiger anzutreffen, als man meint. Alles in Maßen – das ist die Devise für ein gesundes Familienleben, selbst dort, wo es um das Verständnis von Elternsein geht.

Ein vorbildlicher Soldat

Der große militärische Führer General Douglas MacArthur ist für mich ein Held. Er führte im Zweiten Weltkrieg die alliierten Truppen zum Sieg über die Japaner und befehligte später in Korea die Soldaten der Vereinten Nationen. MacArthurs überraschende Truppenlandung bei Inchon war eine der brillantesten Manöver in der Geschichte. Zweifellos war er einer der größten und angesehensten militärischen Führer der Vereinigten Staaten von Amerika.

Ich bewundere MacArthurs Respekt vor dem Familienleben. Im Jahre 1942 erhielt er eine Ehrung als guter Vater.[75] Aus diesem Anlaß wurde er gebeten, eine Ansprache zu halten, deren Wortlaut ich nun im folgenden wiedergeben möchte:

> Nichts hat mich so berührt wie diese Ehrung des Nationalen Komitees für den Vatertag. Von Beruf bin ich Soldat, und darauf bin ich ausgesprochen stolz. Noch stolzer, erheblich stolzer bin ich jedoch darauf, Vater zu sein. Ein Soldat zerstört, um zu bauen. Ein Vater baut nur, zerstört nie. Der eine trägt das Potential zum Töten in sich, der andere verkörpert Schöpfung und Leben. Wenn auch die Schwadronen des Todes mächtig sind, so sind doch die Bataillonen des Lebens noch mächtiger. Ich trage die Hoffnung in mir, daß sich mein Sohn nach meinem Tod nicht an meine Kampfeinsätze erinnert, sondern an das, was ich zu Hause war.[76]

Wie der alte General möchte auch ich mein irdisches Dasein als vergeudet betrachten, wenn es mir als Ehemann und Vater nicht gelungen ist, ein guter Ehemann und Vater gewesen zu sein. Es gibt keine höhere, erstrebenswertere Bestimmung.

Berühmtheit

Die Faszination, die Hollywood mit seinen Stars auf unsere Gesellschaft ausübt, ist ein wenig aus den Fugen geraten. Millionen Menschen vergöttern diejenigen, die zu Ruhm, Ansehen und Geld gekommen sind, doch das Leben eines Stars bietet nicht die zur Schau getragene Befriedigung. Marilyn Monroe hätte uns davon berichten können.

Man bedenke einmal die Verehrung und den Respekt, den man Muhammed Ali, in der ganzen Welt als „unschlagbar" bekannt, zu seinen besten Zeiten entgegenbrachte. Häufiger als das Bild jedes anderen Athleten in der Geschichte wurde sein Foto als Titelbild der Zeitschrift *Sports Illustrated* gezeigt. Kameras folgten ihm auf Schritt und Tritt. Heute sieht seine Geschichte ganz anders aus.

Sportreporter Gary Smith verbrachte einige Zeit mit dem kränkelnden Boxer in dessen Heim und bat, das Zimmer mit den Trophäen sehen zu dürfen. Ali begleitete ihn in eine dunkle, feuchte Scheune neben seinem Haus. Dort, an eine Wand gelehnt, stand eine Tafel mit einem Plakat. Zu sehen waren darauf Fotos von Ali, wie er in Boxerpose und Siegestrophäen schwingend herumtanzte. Auf den Fotos klebten schmierige weiße Streifen. Tauben hatten sich im Gebälk niedergelassen. Ali hob die Tafel auf, drehte sie herum und stellte sie mit dem Gesicht zur Wand ab. Dann wandte er sich zum Gehen. Smith hörte, wie er vor sich hin murmelte: „Die Welt lag mir zu Füßen, aber sie war nichts. Was bin ich jetzt!"[77]

Ruhm ist vergänglich, selbst für die wenigen, die ihn erlangen. Solltest du da nach Sinn suchen, wirst du es vergeblich tun.

„Das Spiel des Lebens“

Meine Tochter Danae kam einmal nach Hause und rief: „Hallo, Papa! Es gibt ein ganz neues Gesellschaftsspiel. Es wird dir gefallen, glaube ich. Es heißt Monopoly.“ Ich lächelte nur.

Wir setzten uns als Familie zusammen und begannen zu spielen. Die Kinder merkten sehr bald, daß ihr alter Vater dieses Spiel schon einmal gespielt hatte. Ich war sehr schnell im Besitz der besten Grundstücke, einschließlich Parkstraße. Meine Kinder rutschten unruhig hin und her, doch ich hatte einen Riesenspaß.

Gegen Mitternacht wurde ich zum Besitzer des letzten Grundstücks und machte daraufhin ein Freundentänzchen mitten im Wohnzimmer. Meine Familie war überhaupt nicht beeindruckt. Sie gingen zu Bett und ließen mich aufräumen. Während ich mein Geld in die Schachtel zurücklegte, überkam mich plötzlich ein Gefühl der Leere. Alles, was ich mir angeeignet hatte, war verschwunden. Die Erregung über alle erworbenen Reichtümer war Illusion. Und dann kam es mir: *Hey, es ist nicht das Monopoly, das deine Aufmerksamkeit erregt hat, sondern das Spiel des Lebens. Du schwitzt und strengst dich an, um voranzukommen. Doch dann eines Tages schmerzt dich die linke Brusthälfte, oder du gerätst im falschen Augenblick auf die linke Fahrbahn, und das Spiel ist zu Ende. Alles kehrt in die Schachtel zurück.* Du verläßt diese Welt so nackt und bloß wie an dem Tag, an dem du sie betreten hast.

Einmal las ich einen Autoaufkleber mit den Worten: „Wer am meisten Spaß gehabt hat und stirbt, ist Sieger.“ Das ist nicht richtig. Es sollte vielmehr heißen: „Wer am meisten Spaß gehabt hat, stirbt trotzdem.“

Elefanten und Teenager

Außer Hunden, die ich immer schon geliebt habe, faszinieren mich die Elefanten. Diese wunderbaren Geschöpfe sind hoch intelligent und von Natur aus äußerst gefühlsstark. Vielleicht ist das der Grund, weshalb wir beunruhigt sind, wenn sie durch die Zivilisation eingeengt und bedrängt werden.

Das geschieht im Pilanesberg Nationalpark im nordwestlichen Südafrika. Die Wärter dort berichten, daß junge Elefantenbullen in den vergangenen Jahren in dieser Region zunehmend gewalttätig geworden sind, besonders den weißen Nashörnern gegenüber. Die Elefantenbullen stoßen die Nashörner ohne erkennbare Provokation um und fetzen sie zu Tode. Das ist für Elefantenverhalten überhaupt nicht typisch und ist sehr schwer zu erklären.

Die Wärter glauben nun, auf des Rätsels Lösung gestoßen zu sein. Offensichtlich ist das aggressive Verhalten ein Nebenprodukt der von der Regierung durchgeführten Programme zur Verringerung der Elefantenbevölkerung mittels Tötung der ausgewachsenen Tiere. Fast alle jungen „Täter“ wurden im sehr jungen Alter zu Waisen gemacht, indem ihnen der Kontakt zu ausgewachsenen Tieren entzogen wurde. Unter normalen Umständen würden die herrschenden älteren männlichen Tiere die jungen Elefanten züchtigen und ihnen als Vorbild dienen. Das Fehlen dieses Erziehungseinflusses bewirkt, daß die jungen Delinquenten im Laufe der Jahre ihre Nachbarn zu terrorisieren beginnen.[78]

Ich weiß natürlich, daß es riskant ist, das Verhalten von Tieren allzu freimütig auf das menschliche Verhalten zu übertragen, aber hier zeigt sich eine zwingende Parallele, die nicht unbeachtet bleiben kann. Dreißig Prozent aller amerikanischen Kinder kommen außerehelich zur Welt. Bei unserer schwarz-amerikanischen Bevölkerung sogar mehr als siebzig Prozent.[79] Die meisten dieser Kinder wachsen ohne männliches Rollenvorbild und ohne Disziplin auf. Das Resultat ist oft verheerend – sowohl für Teenager als auch für Elefanten.

Anmerkungen

1. Max Lucado, *In the Eye of The Storm: A Day in the Life of Jesus* (Dallas: Word, 1991), 11.
2. David Elkind, *The Hurried Child* (Reading, Mass.: Addison-Wesley, 1981).
3. L. M. Boyd, *Boyd's Book of Odd Facts* (New York: Signet, 1980), 50.
4. James C. Dobson, *Straight Talk* (Dallas: Word, 1991), 33–34.
5. William Manchester, *The Death of a President* (New York: HarperCollins, 1988).
6. Erma Brombeck, „Fragile Strings Join Parent, Child", *Arizona Republic*, 15. Mai 1977.
7. Anonym.
8. Desmond Morris, *Intimate Behavior*, Rev. Ausgabe (New York: Kodansha America, 1997), 72–103.
9. Anne Stewart, „The American Way", *Associated Press*, 23. November 1997. http://*www. ap.org/*
10. National Debt Clock, Concord Coalition.
11. Denise Duclax, „Questions about the ‚Inheritance Boom'", *American Bankers Association Journal* (Dezember 1996): 47.
12. John Sedgwick, Rich Kids: *America's Young Heirs and Heiresses, How They Love and Hate Their Money* (NewYork: William Morrow and Company, 1985).
13. Greg Harrington, „Ears to You: Protecting Your Hearing Now to Help Avoid Problems When You're Older", *Atlanta Journal and Constitution*, 19. Januar 1998.
14. Dick Korthals, „A Gentle Touch", Focus on the Family, 1992.
15. General Douglas MacArthur, *Duty, Honor, Country*, gehalten in West Point am 12. Mai 1962.
16. Bonnie Miller Rubin, „Taking Showers at School Is Going Down the Drain", *Chicago Tribune*, 26. März 1996.
17. Dennis Overbye, „The Wizard of Space and Time", *Omni* (Februar 1979): 46.
18. Charles Swindoll, *Come Before Winter* (Sisters, Oreg.: Multnomah, 1985), 36.

19. L. M. Boyd, *Boyd's Book of Odd Facts* (New York: Signet, 1980), 93.
20. David Swoap, Präsident von Hope International, Telefongespräch mit Craig Osten, Assistent des Autors im Jahre 1995.
21. Peter Blackburn, „Homeless Children Killed in Brazil“, Reuters, 3. März 1992. *http://www.reuters.org/*
22. P. W. Juscyzk und E. A. Hohne, „Infants' Memory or Spoken Words“, Science, (26. September 1997); 1984.
23. Pachel Ellis, „Parents Beware: Little Ears Are Listening“, *Associated Press,* 26. September 1997. *http://www. ap.org/*
24. Final Report of the Attorney General's Commission on Pornography (Nashville: Rutledge Hill Press, 1987).
25. Harriet Chiang and Ramon G. McLeod, „Net Porn Law Shot Down“, *San Francisco Chronicle,* 27. Juni 1997.
26. „White House Attorney Found Dead“, *Associated Press,* 20. Juli 1993. http://*www. ap.org/*
27. „Reflections by Vincent Foster on Law and His Life“, *National Law Journal* (23. August 1993): 31.
28. James C. Dobson, *The New Dare to Discipline* (Wheaton, Ill.: Tyndale House publishers, 1992), 105–106.
29. John Donne, „Devotions Upon Emergent Occasions“, in John Bartlett, *Familiar Quotations,* her. von Justin Kaplan, 16. Ausgabe (Boston: Little, Brown and Company, 1992), 231.
30. Thomas J. Bouchard, u. a., „Sources of Human Psychological Differences: The Minnesota Study of Twins Reared Apart“, *Science* (12. Oktober 1990): 223.
31. „Twins Seperated at Birth: The Story of Jim Lewis and Jim Springer“, *Smithsonian* (Oktober 1980). http://*www.modcult.brown.edu/students/angell/Jimtwins. html.*
32. Oliver Wendell Holmes, „The Last Leaf on the Tree“, 1895.
http://*www.cs.cmu.edu/People/johnmil/poems/LastLeaf. html*
33. Karl Murray, „The 36th (Ulster) Division, and the Battle of the Somme, 1916“, *The Great War: 1914–1918* (1996). http://*ww.infosites.net/general/the-great-war/*
34. wie vorher.
35. *East Gate Newsletter,* April 1997.
36. World Book Encyclopedia, 1996, unter „Taj Mahal“.
37. Von Max Lucado zitiert, *The Applause of Heaven* (Dallas: Word, 1990), 132.

38. wie vorher.
39. David Herbert Donald, *Lincoln* (New York: Touchstone Books, 1995).
40. Charles Neidler, *The Autobiography of Mark Twain* (New York: HarperPerrenial, 1990).
41. „Courage Performed Outside the Olympics by Its Athletes“, *CBS Evening News*, 8. Februar 1998).
42. Jesaja 53,6.
43. Forschungsergebnisse der Penn State University, erwähnt in *Archives of Pediatric and Adolescent Medicine* (Dezember 1997).
44. „U. S. Naval Institute Proceedings“, zitiert von Stephen Covey, *The Seven Habits of Highly Effective People* (New York: Simon & Schuster, 1989), 33.
45. *Family News in Focus*, 6. März 1992.
46. „Needle Park Closes“, *CNN*, 26. Februar 1992.
47. Stella Chess M. D., und Alexander Thomas, M. D., Know Your Child: *An Authoritarian Guide for Today's Parents* (New York: Basic Books, 1987), 33.
48. Peter Brimelow, „The Lost Children“, *Forbes* (29. Dezember 1997).
49. *Fatal Addiction*, Focus on the Family Films, 1989.
50. Marilyn Elias, „Family Dinners Nourish Ties with Teenagers“, *USA Today*, 18. August 1997.
51. „A Community in Crisis“, *Focus on the Family* tägliche Sendung, 5. Januar 1998.
52. Linda Roach Monroe, „An Exercise in Common Sense: You Don't Have to Knock Yourself Out at the Gym to Live Longer“, *Los Angeles Times*,
20. Februar 1990.
53. Home School Legal Defense Association, http://*ww. hslda.org*
54. Per la D'Aulaire and Emily D'Aulaire, „Now What Are They Doing at The Crazy St. John the Divine?“ *Smithsonian* (Dezember 1992): 32.
55. National Park Service, „Battle at Antietam, 17. September, 1862“, *Civil War Summaries by Campaign.* http://*www2.cr.nps.gov/abpp/battles/md003. htm.*
56. Janet McConnaughey, „Study of Romanian Orphans Shows Importance of Touch“, *Associated Press*, 28. Oktober 1997. http://*www. ap.org/*

57. „Parent's Love Affects Child's Health" *Reuters,* 10. März 1997.
58. John Bartlett, *Familiar Quotations*, her. von Justin Kaplan, 16. Ausgabe (Boston: Little, Brown and Company, 1992), 654.
59. Eric Schoch, „Doctors Offer Tips on Avoiding Infant Deaths", *Indianapolis Star,* 16. Juni 1995.
60. N. J. Shears, M. C., *Infant Suffocation Project – Final Report,* U. S. Consumer Product Safety Commission, Januar 1995.
61. Donna Partow, *Homemade Business* (Colorado Springs, Colo.: Focus on the Family Publishing, 1991).
62. *Mom Is Very Sick: Here's How to Help*, Focus on the Family. Vergriffen.
63. Sybil Ferguson, *Woman's Day* (17. Februar 1980).
64. Vicki Kraushaar, „That's the Way Life Goes Sometimes", (Juli 1976). Genehmigter Nachdruck aus *American Girl,* eine Zeitschrift für alle Mädchen, herausgegeben von den Pfadfinderinnen der Vereinigten Staaten von Amerika.
65. Barbara Vobejda, „Children of Divorce Heal Slowly, Study Finds; Scholar's Latest Evidence in Influential Series", *Washington Post,* 3. Juni 1997.
66. *Fetal Alcohol Syndrome Factsheet,* Missouri Department of Mental Health, Division of Alcohol and Drug Abuse.
67. Richter 13.
68. „The Family at the End of the 20th Century", *Focus on the Family,* tägliche Sendung, 8.–9. Juni 1995.
69. Ronald Kotulak, „Children`s Brains May Change in Response to Stress", *Washington Post,* 31. August 1993.
70. Robert Fulghum, *It Was on Fire When I Lay Down on It.* (New York: Villard Books, 1989), 17–20.
71. Elisabeth Elliot, *Discipline: The Glad Surrender* (Ada, Mich.: Fleming H. Revell, 1985).
72. „Yankelovich Monitor", Yankelovich Partners, Norwalk, Connecticut. http://*www.yankelovich.com*
73. wie vorher.
74. Sam Venable, „Live a Dog's Life? We Lowly Humans Aren't That Lucky", *Knoxville News Sentinel,* 24. März 1998.
75. Jane Fullerton, „LR Doctor Joins Team for Reform", *Arkansas Democrat-Gazette,* 28. Mai 1994.

76. Dale Turner, „„Dagwood‘ Image Hides the True Value of Fatherhood – It's No Minor Task to Mold Young Lives“, Seattle Times, 19. Juni 1993.
77. Gary Smith, „Ali and His Entourage“, *Sports Illustrated* (16. April 1998): 48–49.
78. Michael D. Lemonick, „Young, Single and Out of Control“, *Time* (13. Oktober 1997.
79. „Births to Teens, Unmarried Women, and Prenatal Care 1985 – 1994“, *Statistical Abstract of the United States, 1997*, Tabelle 96, Seite 78.